Adriana Richit
Anália de Jesus Moreira
Cilene Nascimento Canda
Gilfranco Lucena dos Santos
Irenilson de Jesus Barbosa
José João Neves Barbosa Vicente
José Dilson Beserra Cavalcanti
Kleber Peixoto de Souza
Leandro do Nascimento Diniz
Tatiana Polliana Pinto de Lima
Wilson Correia (Organizador)

FORMANDO PROFESSORES
CAMINHOS DA FORMAÇÃO DOCENTE

EDITORA
CIÊNCIA MODERNA

FORMANDO PROFESSORES: Caminhos da Formação Docente

Copyright© Editora Ciência Moderna Ltda., 2012
Todos os direitos para a língua portuguesa reservados pela Editora Ciência Moderna Ltda.
De acordo com a Lei 9.610 de 19/2/1998, nenhuma parte deste livro pode-rá ser reproduzida, transmitida e gravada, por qualquer meio eletrônico, mecânico, por fotocópia e outros, sem a prévia autorização, por escrito,da Editora.

Editor: Paulo André P. Marques
Produção Editorial: Aline Vieira Marques
Copidesque: Paula Regina Pilastri
Capa: Daniel Jara
Diagramação: Tatiana Neves
Assistente Editorial: Laura Souza

Várias **Marcas Registradas** aparecem no decorrer deste livro. Mais do que simplesmente listar esses nomes e informar quem possui seus direitos de exploração, ou ainda imprimir os logotipos das mesmas, o editor declara estar utilizando tais nomes apenas para fins editoriais, em benefício exclusivo do dono da Marca Registrada, sem intenção de infringir as regras de sua utilização. Qualquer semelhança em nomes próprios e acontecimentos será mera coincidência.

FICHA CATALOGRÁFICA

CORREIA, Wilson Francisco (Organizador); RICHIT, Adriana; MOREIRA, Anália de Jesus; CANDA, Cilene Nascimento; SANTOS, Gilfranco Lucena dos; BARBOSA, Irenilson de Jesus; VICENTE, José João Neves Barbosa; CAVALCANTI, José Dilson Beserra; SOUZA, Kleber Peixoto de; DINIZ, Leandro do Nascimento; LIMA, Tatiana Polliana Pinto de.
FORMANDO PROFESSORES: Caminhos da Formação Docente
 Rio de Janeiro: Editora Ciência Moderna Ltda., 2012.

1. Educação - Pedagogia
I — Título

ISBN: 978-85-399-0184-5   CDD 370

Editora Ciência Moderna Ltda.
R. Alice Figueiredo, 46 – Riachuelo
Rio de Janeiro, RJ – Brasil   CEP: 20.950-150
Tel: (21) 2201-6662/ Fax: (21) 2201-6896
LCM@LCM.COM.BR
WWW.LCM.COM.BR

Sumário

Apresentação
Caminhos da formação docente IX

I Eixo - Arte, Cultura e Formação do Professor

Capítulo 1
A arte e a cultura infantil na formação do educador do ensino fundamental de nove anos 3

    A arte de introduzir 3
    1 - Para entender o Plano Nacional de Educação 5
    2 - Demandas para a instituição escolar 10
    3 - A arte e as peculiaridades da infância no Ensino Fundamental 11
    4 - Arte e infância: questões para (re)pensar a atuação e a formação docente 17
    Brincando de concluir 22
    Bibliografia 24

II Eixo - Filosofia e Formação Docente

Capítulo 2
Ensaio de superação do determinismo psicofísico na compreensão do desenvolvimento cognitivo e da aprendizagem 29

    Introdução 29
    1 - Os limites da Psicologia: o problema da crença no determinismo psicofísico 33

2 - A forma como a Pedagogia se apropria das teorias psicológicas do desenvolvimento cognitivo 36
3 - A consciência pedagógica em um país de exclusão e injustiça social 38
4 - A necessidade de uma cooperação e avaliação interdisciplinar nos casos críticos de aprendizagem 39
Conclusão 41
Bibliografia 41

Capítulo 3
Educar: Uma prática indispensável 43

Bibliografia 65

Capítulo 4
Três teses sobre a docência 69

Introdução 69
Primeira Tese - A relação ética possível entre professor e aluno desenvolve-se no chão comum do reconhecimento ontoantropológico. 70
Segunda Tese - A relação política possível entre professor e aluno tem lugar no campo da diferenciação epistêmica. 73
Terceira Tese - A relação pedagógica possível entre professor e aluno lastreia-se na igualdade das inteligências. 75
Conclusão 77
Bibliografia 78

Capítulo 5
A sociedade e a escola: Aforismos (im)pertinentes1 79

Introdução 79

1 - Pesquisa, escola, professor, conteúdo certo 80
    1.1 - Do sujeito e do objeto de pesquisa 80
    1.2 - Da relação pedagógica 80
    1.3 - Da estrutura da estrutura 80
    1.4 - Da profissionalização do professor 81
    1.5 - Do que está em jogo 81
2 - A quem cabe melhorar a educação escolar? 82
    2.1 - Do contexto estrutural e conjuntural da escola 82
    2.2 - Do debate sobre a especificidade da escola e da docência 82
    2.3 - Da responsabilidade por melhorar a educação escolar 83
    2.4 - Do mercado com ente avaliador 84
3 - Da relação família-escola 84
    3.1 - Do cuidar e do ensinar 84
    3.2 - Da ambiguidade sobre "ter" e "saber" 85
4 - Da confusão entre ensinar e cuidar 85
    4.1 - Do assoberbamento de tarefas pela escola 85
    4.2 - Da necessidade social de a escola substituir a família 85
5 - Educação global e educação escolar 86
    5.1 - Do auxílio que a família pode dar à escola 86
    5.2 - Do desejável diálogo entre família e escola 86
6 - Os fundamentos do desamparo atual da juventude 87
    6.1 - Do desespero diante do estado de vida atual da juventude 87
    6.2 - Da leitura filosófica da realidade juvenil brasileira 87
    6.3 - A crença no homem hiper-racional nos levou ao desamparo 87
    6.4 - Aforismo inconclusivo: do que precisamos fazer 88
Bibliografia 89

Capítulo 6
Docência em filosofia: A transposição pedagógica 91

    Introdução 91
    1 - Da docência em filosofia 96
    2 - Da transposição pedagógica 98
    3 - Sobre o interpretar, o comentar e o refletir 102
        Sobre a interpretação 102
        Sobre o comentário 103
        Sobre a reflexão 105
    Conclusão 106
    Bibliografia 109

III Eixo - Educação Matemática e Formação de Professores

Capítulo 7
A formação do professor de matemática no CFP/UFRB: Contribuições da educação matemática 115

    Introdução 115
    A UFRB, o CFP e o curso de Licenciatura em Matemática 117
    A saga da Educação Matemática no CFP/UFRB 119
    A Educação Matemática enquanto campo científico e profissional 120
    A formação do professor de Matemática 122
    A Educação Matemática na formação do professor de Matemática no CFP 126
    Considerações Finais 130
    Bibliografia 132

IV Eixo - Educação Física e Formação de Professores

Capítulo 8
A Lei nº 10.639/03 e a educação física: Reflexões sobre a educação eugênica nas políticas educacionais e formação de professores 137

Introdução 137
A Lei nº 10.639/03: pressupostos e propostas para a educação brasileira 139
1930-1940- marco da educação pública brasileira 140
Qual é o lugar da educação física na difusão e aplicação da lei nº 10.639/03? 148
Corpo, movimento humano e cultura: campos de estudos da educação física, emergências na formação de professores. 152
Concluindo... 155
Bibliografia 156

V Eixo - Educação Etnicorracial e Formação Docente

Capítulo 9
Reflexões sobre estabilidades e diversidades na educação para as relaçoes etnicorraciais 161

Introdução 161
1 - Do equilíbrio do discurso ao movimento da diversidade humana 165
2 - Em busca de uma África da diversidade na afrodescendência 169
   2.1 - Qual África? 170
   2.2 - Qual africano? 176
   2.3 - Qual história? 179
3 - Conclusão: Notas para uma pedagogia crítica das estabilidades em prol da diversidade 181
Bibliografia 183

VI Eixo - Relato de Experiência

Capítulo 10
Estágio curricular: A construção de uma ação pedagógica e investigativa 189

    1 - A gênese das ações didáticas e investigativas 189
    2 - Bases necessárias para a consolidação das ações pedagógico-investigativas ... 193
    3 - A dialogia nas Ações Pedagógico-Investigativas 201
    4 - Estágio e *práxis* pedagógica: um projeto interdisciplinar e articulador 204
    Bibliografia 209

Capítulo 11
Formação de Professores em Exercício: O programa especial de formação de professores (PROESP) em História no Estado da Bahia 211

    Introdução 211
    a) A tônica dada à formação docente 213
    b) A formação de professor por meio dos cursos especiais de licenciatura 215
    c) Os cursos especiais de formação docente na Bahia 216
    d) O Kit do Professor-Aluno 217
    e) Na UNEB 219
    g) Uma prática equivocada 221
    h) O que nos diz os professores-alunos 222
    Concluindo... 224
    Bibliografia 224

Posfácio 227

Apresentação

Caminhos da formação docente

Wilson Correia[1]

> Eu quase que nada não sei. Mas desconfio de muita coisa. O senhor concedendo, eu digo: para pensar longe, sou cão mestre – o senhor solte em minha frente uma ideia ligeira, e eu rastreio essa por fundo de todos os matos. Amém! (João Guimarães Rosa. *Grande sertão: veredas*).

O tema em debate entre os autores deste livro é a *Formação de Professores* na atualidade, a respeito do qual fomos atrás de "ideias ligeiras", rastreando-as "por fundo de todos os matos" de nossa vivência acadêmica.

Assim, primeiramente, esta obra traz o eixo epistêmico *Arte, Cultura e Formação Docente*, debatido por Cilene Nascimento Canda, Doutoranda no Programa de Pós-Graduação em Artes Cênicas da Universidade Federal da Bahia (UFBA). É o capítulo que

---

[1] *Licenciado em Filosofia (PUC-Goiás), com Especialização em Psicopedagogia (UFG) e Mestrado (UFU) e Doutorado em Educação (UNICAMP). Líder do GPEFE – Grupo de Pesquisa e Extensão em Filosofia da Educação. Adjunto em Filosofia da Educação no Centro de Formação de Professores da Universidade Federal do Recôncavo da Bahia. É autor dos livros* Saber ensinar *São Paulo: EPU, 2006,* TCC não é um bicho-de-sete-cabeças *(2009) e* Aprender não é um bicho-de-sete-cabeças *(2010), ambos pela Editora Ciência Moderna, do Rio de Janeiro, entre outros. E-mail: wilfc2002@yahoo.com.br.*

abre o debate, intitulado *A arte e a cultura infantil na formação do educador do ensino fundamental de nove anos*. Nele, Cilene Canda aborda, entre outras, a questão do tempo dedicado *pela* e *na* escola à educação de crianças em arte e cultura. Ela faz indicações sobre como formar o professor do Ensino Fundamental para lidar com esses saberes. Afirma que a ampliação desse tempo para nove anos não garante, por si só, a qualidade da educação de crianças em arte e cultura. A "ampliação do tempo pedagógico do Ensino Fundamental não pode ser vista como uma determinação legal isolada do currículo escolar, das práticas pedagógicas e da formação continuada de professores". Além disso, assinala como mais relevante a consideração da "importância da arte para o desenvolvimento sociocultural e para a aprendizagem da criança", tese defendida pelo fato de Cilene entender"que a arte-educação, embora relevante, ainda é pouco tratada nas discussões sobre políticas públicas, formação docente e planejamento pedagógico para o Ensino Fundamental", tornando "urgente um olhar reflexivo e cuidadoso sobre esse campo".

A segunda temática desta obra, *Filosofia e Formação Docente*, recebeu tratamento instigante, criativo, rigoroso e inovador em cinco capítulos, sendo:

O segundo, assinado pelo Doutorando em Filosofia no Programa de Doutorado Integrado UFPE-UFPB-UFRN Gilfranco Lucena dos Santos, que se intitula *Ensaio de superação do determinismo psicofísico na compreensão do desenvolvimento cognitivo e da aprendizagem*, o qual nos apresenta a desafiante proposta de superarmos o determinismo psicofísico compreensivo sobre o desenvolvimento cognitivo e o ato de aprender. Nessa linha, ele sustenta: "A questão do desenvolvimento cognitivo na aprendizagem escolar, considerada em uma reflexão filosófico-pedagógica, exige de nós mais do que a simples tomada de conhecimento do modo como se constituem os processos psicológicos de desenvolvimento cognitivo e das funções e recursos que devem ser mobilizados para que ele ocorra com êxito". Os caminhos para isso foram indicados por Gilfranco Lucena, cabendo a nós, professores, trilhá-los no cotidiano de nossa prática pedagógica de formação para a docência.

O capítulo de número três, proposto por José João Neves Barbosa Vicente, Mestre em Filosofia pela Universidade Federal de Goiás (UFG), comparece neste livro com a seguinte certeza: *Educar: uma prática indispensável*. É em função desse entendimento que o autor leva ao tribunal da crítica filosófica o ato de educar em ambiente escolar. Ele pugna por uma educação que *hominize* e *humanize*. Segundo ele, "não se deve aceitar, em nenhuma circunstância, a redução do pensamento do aluno a um funcionamento. Os procedimentos não podem tomar primazia sobre os conhecimentos reais dos alunos e sobre a finalidade ideal da educação. Essa educação funcional, comandada por um jogo de procedimentos sociais, econômicos e políticos que se introduzem na escola, permanece alheia ao tempo próprio do pensamento". Daí que o pensar sobre a escola e o trabalho do professor, para cuidarem de educar, e não de adestrar, são defendidos como indispensáveis para que formemos o humano para o humano, empreitada sobre a qual José João não poupou o esmero próprio a um educador, alertando-nos para o fato de que "deve-se ter sempre o cuidado para que a arte de educar, portanto, não seja reduzida, ainda que reforçada pelo espartilho das ciências humanas, sociais e naturais, a uma pedagogia dos objetivos".

O quarto capítulo, *Três teses sobre a docência*, é um texto que escrevi em meio às conversas com alunos e professores do ensino superior. Defendo que: 1-*A relação ética possível entre professor e aluno desenvolve-se no chão comum do reconhecimento ontoantropológico;* 2- *A relação política possível entre professor e aluno tem lugar no campo da diferenciação epistêmica;* 3- *A relação pedagógica possível entre professor e aluno lastreia-se na igualdade das inteligências*. Nesse texto, afirmo que o entendimento radical dessas três teses "colocaria a discussão sobre o poder docente em outras bases, levando, paralelo a isso, à outra compreensão sobre quem é o estudante", uma vez que aprender e ensinar são pólos articulados: mudando um, o outro também muda. Aliás, são oportunas duas perguntas: Quem é o professor que queremos em nossas escolas? Quem é o estudante com o qual almejamos trabalhar?

O quinto capítulo, escrito ao modo de aforisma, é outro texto assinado por mim. Intitula-se *A sociedade e a escola: aforismos (im)pertinentes*. Trata-se do registro de um exercício de pensamento crítico sobre alguns temas como sociedade, escola e professor, "os quais podem e devem ser problematizados, tendo em vista o debate sobre como aperfeiçoá-los e, quando for o caso, de auxiliar na busca de soluções práticas para os problemas apontados e que os envolve". A presença desse trabalho neste livro é mais um convite ao debate sobre a temática geral de que estamos tratando nesta obra.

O sexto capítulo, também de minha autoria, refere-se a candentes questões surgidas ao longo da minha prática docente. Com este texto, *Docência em Filosofia: a transposição pedagógica*, apresento ao debate o assunto momentoso da prática de ensino de Filosofia, sem esquecer as operações cognitivas compreendidas pelo *comentário*, pela *interpretação* e a pela *reflexão*. Aí, refiro-me ao *cânone tradicional* que, há séculos, orienta as práticas de ensino, pesquisa e extensão em Filosofia. Proponho o enfrentamento do seguinte desafio: se "temos uma produção consagrada (clássica)" a qual "deve ser estudada" isso pode e deve ser feito de maneira que nos faça compreender a vida atual, a educação de nossos dias, a sociedade de hoje e a história que estamos fazendo... Mas como? A erudição pela erudição não faz o menor sentido". E não faz mesmo, porque o educador é chamado a formar o humano propondo novos modelos societários e criando mundos onde o homem e a mulher vivam, na igualdade e na diferença, os valores da justiça, da liberdade e da felicidade.

O eixo *Educação Matemática e Formação de Professores* é debatido por um grupo de professores de peso, composto pela

Adriana Richit, Doutora em Educação Matemática pela Universidade Estadual Paulista (UNESP-Campus de Rio Claro), José Dilson Beserra Cavalcanti, Mestre em Ensino de Ciências e Matemática pela Universidade Federal Rural de Pernambuco (UFRPE) e Leandro do Nascimento Diniz, Mestre em Educação Matemática pela Universidade Júlio de Mesquita Filho (UNESP), os quais intitulam o sétimo capítulo desta obra de *A formação do professor de matemática no CFP/UFRB: contribuições da educação matemática*. E muitas são as contribuições desses educadores matemáticos. Eles ressaltam o relevante papel a ser desempenhado pela Educação Matemática nas discussões sobre a formação de professores. Chamam a atenção para "a necessidade de buscarmos estruturar os cursos de licenciatura em sintonia com as necessidades sociais e culturais". Ao considerarem a comunidade de Educação Matemática, afirmam: "um dos focos de investigação repousa nas possibilidades advindas dessa modalidade de educação para a formação docente", sobre o que o próprio trabalho com o qual nos brindam neste livro já indica as trilhas sobre as quais podemos colocar os nossos pés de ensinantes.

O oitavo capítulo, ao assumir a temática *Educação Física e Formação de Professores*, é de autoria de Anália de Jesus Moreira, Doutoranda em Educação, Sociedade e Práxis Pedagógica pela Universidade Federal da Bahia (UFBA). Intitula-se *A Lei n° 10.639/03 e a Educação Física: reflexões sobre a educação eugênica nas políticas educacionais e formação de professores*. A autora discute um dos elementos do marco legal sobre a Educação Física e afirma que se trata de proceder ao "desvelamento das relações entre Educação Física, eugenia e formação de professores" com o objetivo de "compreender as possibilidades dessa área do conhecimento na aplicação da Lei n° 10.639/03". O propósito e o objetivo são: "problematizar questões identitárias, como a ancestralidade e a cultura, sugerindo para esses pilares a utilização de novas matrizes teóricas que contemplem outros olhares sobre o processo histórico da cultura afrobrasileira". Daí a oportunidade e a urgência do texto de Anália Moreira, o qual nos motiva ao debate e às ações práticas para uma intervenção coerente nos processos de formação de professores de Educação Física.

Para discutir o tema *Educação Etnicorracial e Formação Docente*, Irenilson de Jesus Barbosa, Mestre em Educação pela Universidade Federal da Bahia (UFBA), escreveu o capítulo nove, ao qual nomeou de *Reflexões sobre estabilidades e diversidades na educação para as relações etnicorraciais*. Valendo-se de um conceito da física, Irenilson Barbosa trata da educação, da etnia e da formação de professores. Ele nos convida a "pensar em uma formação docente para uma prática pedagógica comprometida com o respeito à diversidade e às liberdades individuais e coletivas que se impõem em uma sociedade livre e democrática, tanto em ambientes escolares quanto em espaços não escolares". E ainda alerta: "O foco de nossa discussão é a necessidade de pensarmos em uma educação para a diversidade étnica que considere uma pedagogia da liberdade em seu alcance máximo: a diversidade da vida e dos sujeitos". E "propõe-se uma reflexão sobre a educação para a diversidade com base no prisma da diversidade do humano, do mundo, dos olhares que a concretiza e dos distintos enunciados que a configuram". Toca, assim, em assuntos decisivos para os quais o trabalho dos formadores de formadores pode e deve se voltar, conscientemente.

Para discutir o *Eixo Relato de Experiência*, o Mestre em Educação pela UnB, Kleber Peixoto de Souza apresenta-nos o capítulo dez, ao qual nomeou de *Estágio curricular: a construção de uma ação pedagógica e investigativa*. É um alentado trabalho sobre estágio e formação de professores, no qual nos assegura que "A organização dos currículos dos cursos de formação de professores segue uma 'lógica muda e míope' em que os componentes se aglomeram de forma isolada e sem nexos uns com os outros, constituindo-se, assim, em aglomerados de saberes disciplinares, extremamente distantes da realidade cotidiana e do campo de trabalho dos futuros profissionais da educação". Por isso, afirma Kleber Peixoto,"As inquietações advindas das vivências me impulsionaram a olhar para o estágio com foco investigativo, buscando desenvolver uma ação capaz de superar algumas dificuldades que perpassam esse componente curricular e ir além das simples análises e opiniões", razão pela qual o trabalho aqui apresentado pede leitura atenta e criteriosa de todos que lidamos com a formação de professores.

Por fim, o capítulo onze fecha esse debate, o qual, desejamos, continuará aberto em outros espaços. Ele é o relato de experiência, escrito por Tatiana Polliana Pinto de Lima, Mestre em Educação pela Universidade Estadual de Campinas (UNICAMP), intitulado *Formação de professores em exercício: o programa especial de formação de professores (PROESP) em História no Estado da Bahia*, no qual, informada pela vivência, faz a crítica dos programas especiais de formação docente, pensados e propostos no contexto das reformas educacionais brasileiras nos anos 1990. Segundo Lima, a proposta de formação aligeirada dos professores em exercício parece ter deixado a desejar, haja vista que "muitos professores da rede estadual não conseguiam fazer os vestibulares e adentrar nestes cursos, visto o valor das mensalidades, além da localização dessas faculdades, grande parte localizada nas capitais". Urge cuidar para que experiências dessa natureza não se repitam, pois esses cursos de formação de professores devem ser profissionais, éticos e politicamente executados de maneira que respeitem a dignidade do professor e da professora, indispensáveis ao trabalho de educar as novas gerações integrantes da nossa sociedade.

Esperamos que o conjunto de trabalhos aqui apresentado possa ser utilizado nos cursos de licenciatura de nossas universidades e faculdades, de maneira que possa potencializar a continuação do qualificado debate sobre a formação de professores no Brasil. Sabemos que outras questões, levemente tocadas neste livro, tais como as relativas aos modos como podemos fazer para alcançar legitimidade política, voz pública e profissionalização, ainda nos desafiam. Mas estamos certos de que debates iguais ao que propomos neste livro, *Formando Professores: caminhos da formação docente,* concorrem para prestar auxílio de grande relevância ao encaminhamento dessas lutas.

Por fim, desejamos uma existência útil para este livro, o qual nasce para contribuir para que estudantes e professores dos nossos cursos de licenciatura possam dispor de mais uma referência bibliográfica em seus estudos nos âmbitos do ensinar e do aprender a ser professor. Que a travessia dessa leitura seja a mais profícua possível a todos os leitores e leitoras, de quem aguardamos críticas, sugestões e contribuições.

I Eixo

Arte, Cultura e Formação do Professor

Capítulo 1

A arte e a cultura infantil na formação do educador do ensino fundamental de nove anos

Cilene Nascimento Canda[1]

A arte de introduzir

A contribuição da arte e da cultura lúdica para a Educação apresenta-se como estudo relevante para a valorização das peculiaridades da criança de seis anos inserida no Ensino Fundamental de nove anos. No campo do presente debate, contextualizaremos de forma sucinta as especificações da recente legislação educacional acerca da ampliação das oportunidades de escolarização da criança, como direito social presumivelmente assegurado. Em seguida, discutiremos sobre a reorganização curricular, do tempo escolar e da mediação pedagógica, tendo como alicerce o trabalho artístico e o respeito às peculiaridades da infância. Traçaremos, também, considerações sobre a formação de professores no que tange às perspectivas políticas, sociais e culturais, bem como no compromisso da inclusão qualificada da arte no Ensino Fundamental de nove anos.

---

[1] *Licenciada em Pedagogia (UFBA), com Mestrado em Educação (UFBA) e Doutoranda pelo Programa de Pós-Graduação em Artes Cênicas (UFBA). Professora Assistente do Centro de Formação de Professores (CFP) da Universidade Federal do Recôncavo da Bahia (UFRB) e, atualmente, pesquisadora e líder do Grupo de Pesquisa em Linguagem, Arte, Cultura e Educação (EntreLACE/UFRB). E-mail: cilenecanda@yahoo.com.br.*

Para iniciarmos a discussão sobre a ampliação do Ensino Fundamental para nove anos, com seus limites e possibilidades de implantação no que tange à valorização das peculiaridades da infância, salientamos a necessidade de compreensão, ainda que brevemente, da legislação brasileira como aporte substancial para a organização da Educação Básica. Iniciaremos o presente debate a partir da abertura política, após o longo período de ditadura militar no Brasil, quando se deu a aprovação da *Constituição Federal*, em 1988. Sinalizamos que a demarcação da educação na proposta de construção de um país democrático, prevista na referida lei, desdobrou-se, posteriormente, na legislação educacional, a exemplo do *Estatuto da Criança e do Adolescente* (1990) e da *Lei de Diretrizes e Bases da Educação Nacional* nº 9.394, sancionada em 1996.

No fim da década de 1980, foi atribuído ao Estado, pela primeira vez, o dever de garantia da educação de crianças de zero a seis anos, que, antes, era tratada, segundo Sônia Kramer (2006) como ação assistencialista e compensatória de uma suposta "privação cultural" das classes populares e das mazelas sociais do país. Segundo a autora, as crianças provenientes de classes economicamente desfavorecidas carregam consigo o estigma da carência, deficiência biológica e social, sendo, muitas vezes, consideradas inferiores ao padrão estabelecido pela escola, nos moldes da classe média.

Segundo a autora, a principal motivação para a implantação de diversos programas sociais de atendimento à criança foi a necessidade de suprir as deficiências de saúde e nutrição e as dificuldades escolares ou socioculturais, acarretando um cunho compensatório nas políticas educacionais. Em uma perspectiva redentora e compensatória, a preocupação com a qualidade da educação era secundária na esfera das políticas públicas educacionais.

Compreendemos, nesse sentido, que a oferta da Educação Básica, bem como a ampliação do tempo pedagógico da criança na escola, não pode ser concebida como alternativa a aspectos ligados ao assistencialismo e à compensação sociocultural. Tais medidas[2] devem ser garantidas, como aumento do acesso e da permanência da criança à educação pública de qualidade.

Desse modo, afirmamos que a ampliação do tempo pedagógico do Ensino Fundamental não pode ser vista como uma determinação legal isolada do currículo escolar, das práticas pedagógicas e da formação continuada de professores. Ao contrário, essa apresenta consequências para a reformulação curricular, para a formação de professores e para as políticas municipais e estaduais que têm alargado o investimento no Ensino Fundamental, nos últimos anos, em razão do Fundo de Manutenção e Desenvolvimento do Ensino Fundamental e de Valorização do Magistério (FUNDEF).

1 Para entender o Plano Nacional de Educação

A LDBEN nº 9.394, de 1996, garante a autonomia dos municípios para a oferta da educação em suas localidades urbanas e do campo, em regime de colaboração com os estados e a União. A referida lei destinou aos municípios a responsabilidade de oferta da Educação Infantil e do Ensino Fundamental, tendo o último uma prioridade maior do que a primeira. Por conta disso, a educação da criança antes dos sete anos de idade não ganhou um foco primordial nas políticas públicas de educação, sendo tal situação agravada pelos parcos recursos reservados à Educação Básica. Assim, a compreensão sobre a infância e a necessidade de popularização do acesso e permanência da criança na escola não foram acompanhadas pela dotação orçamentária e pelo investimento na

---

[2] *Convém destacar que a questão da ampliação do tempo do Ensino Fundamental sempre foi prevista no âmbito acadêmico e legal. A Lei de Diretrizes e Bases da Educação Nacional (LDBEN) nº 4.024, de 1961, estabelecia apenas quatro anos para o Ensino Fundamental, já a LDBEN, nº 5.692, de 1971, promulgou a ampliação do tempo de permanência do aluno na escola. Isso implicou na obrigatoriedade de oferta de oito anos no Ensino Fundamental, visto que antes desse período limitava-se em quatro anos de escolarização.*

formação de professores para trabalhar com crianças pequenas. Isso pode ser afirmado com base na análise dos quadros docentes[3] da Educação Infantil que, de modo geral, ainda são compostos por professores leigos, sem formação geral e pedagógica.

De acordo com os estudos de Kramer (2006), há um descompasso entre a legislação que assegura os direitos da criança e a dotação orçamentária que garante a formação docente, a estruturação das escolas e a reformulação curricular de modo que atenda às necessidades sociais, educativas, físicas e intelectuais da criança. Por outro lado, nos últimos 20 anos, como fruto das reivindicações e lutas sociais, constata-se o avanço no âmbito da legislação, com alterações nas políticas educacionais brasileiras, tendo como foco primordial o atendimento da criança no ambiente escolar. Porém, com base nas pesquisas da referida autora, a garantia da qualidade das instituições de ensino não tem acompanhado o avanço em âmbito legal.

Ressaltamos que a LDBEN nº 9.394 sancionou o *Fundo de Manutenção e Desenvolvimento do Ensino Fundamental e de Valorização do Magistério* (FUNDEF) para o período de 1996 a 2006 e respaldou a aprovação do *Plano Nacional de Educação* (PNE) em 2001, para o período de 10 anos. Ao lado das discussões sobre o *Fundo de Desenvolvimento da Educação Básica* (FUNDEB), em 2007, intensificaram-se os debates sobre a ampliação do Ensino Fundamental para nove anos, visando à inclusão da criança de seis anos e à ampliação do tempo pedagógico, para o prosseguimento dos seus estudos. Consideramos que a valorização e o investimento na Educação Infantil e no Ensino Fundamental apresentam-se como relevantes medidas para a democratização do ensino, por isso, endossamos a continuidade dos debates e cobranças efetivas dos movimentos sociais, universidades, escolas e educadores em prol de uma educação pública de qualidade.

---
[3] *Cf.: Censo Escolar/Instituto Nacional de Estudos e Pesquisas Educacionais Anísio Teixeira (INEP).*

Nessa incessante busca de democratização da educação brasileira, em 2006, foi sancionada a Lei nº 11.274 que regulamenta o Ensino Fundamental de nove anos, com o objetivo de assegurar a toda criança um tempo maior de convívio escolar e melhores oportunidades de escolaridade de qualidade. Dessa forma, os municípios e os estados têm o prazo até o presente ano para implantarem tal medida em suas escolas e sistemas de educação. Destacamos a importância desse regulamento por ampliar o tempo de oferta de formação para a criança, reforçando a educação como direito social garantido por lei e a necessidade da luta social pelo acesso e permanência da criança no espaço escolar.

Salientamos que a atual LDBEN já apontava para a possibilidade de ampliação do tempo de atendimento à criança em ambientes escolares, alicerçada nos princípios de flexibilidade da organização da Educação Básica. A referida lei já explicitava também a possibilidade do aumento do tempo escolar, ao sinalizar o mínimo de oito anos de escolarização no Ensino Fundamental. Essa abertura da lei permitiu a implantação do Ensino Fundamental de nove anos e a inclusão das crianças de seis anos nesse segmento. Visa-se com isso a garantir maiores oportunidades de aprendizagem no período da escolarização obrigatória, bem como assegurar que as crianças prossigam nos estudos, ao ingressarem mais cedo na escola[4].

Ressaltamos que, até 2006, a lei previa que as crianças a partir de sete anos seriam atendidas nas séries iniciais do Ensino Fundamental; antes disso, ou seja, na faixa etária de zero a seis anos, a criança teria de ser acolhida em creches e pré-escolas. Todavia, a preocupação com a qualidade da Educação Básica não foi o único motivo que acarretou na implantação do Ensino Fundamental de nove anos no Brasil. Aspectos como a falta de oferta expandida das instituições de Educação Infantil em todo o país e as recorrentes matrículas[5] de crianças de seis

---

[4] Cf. Plano Nacional de Educação, 2001.
[5] O aumento das matrículas de crianças de seis anos no Ensino Fundamental já ocorria em inúmeros sistemas municipais de ensino do Brasil, como forma de captação de mais recursos do FUNDEF.

anos no Ensino Fundamental aceleraram as discussões sobre a sua inserção na escola.

A ampliação do tempo de oferta do Ensino Fundamental reforça a emergência no tratamento da qualidade dos serviços educacionais, pois com base nas estatísticas do Censo Escolar (INEP, 2006), a cada 33 milhões de crianças que ingressam no Ensino Fundamental, 30 mil repetem alguma série na sua trajetória escolar. Esses dados demonstram a deficiência na permanência da criança e na garantia da qualidade da formação básica, voltada para a alfabetização, letramento, habilidades lógico-matemáticas e desenvolvimento de habilidades motoras, estéticas, cognitivas e sociais, nos primeiros anos de escolarização.

Analisando tais dados, convém salientar que a qualidade do ensino e o investimento pedagógico na aprendizagem significativa da criança apresentam-se como enfoques imprescindíveis nos estudos, pesquisas e práticas em torno do Ensino Fundamental. Nesse sentido, é importante questionar: a ampliação do tempo de permanência da criança na escola garante a qualidade da aprendizagem nessa etapa da Educação Básica? Qual é a estrutura e qual é o currículo da escola atual destinados ao acolhimento da criança de seis anos, considerando as suas peculiaridades? Aspectos como a cultura lúdica infantil e a arte estão garantidos com o mesmo grau de discussões sobre a ampliação do tempo no espaço escolar?

Essas são algumas questões levantadas que problematizam a necessidade da arte, a valorização da infância e o investimento na formação pessoal e social da criança. Em outras palavras, é indispensável assegurar a qualidade do uso desse tempo ampliado nas instituições de ensino no que se refere à aprendizagem da criança no cotidiano escolar.

A qualidade do processo educativo é, portanto, o principal desafio das políticas públicas, gestões educacionais e equipes pedagógicas, pois a escola, muitas vezes, restringe-se como o único espaço de sistematização de sabres e de formação cognitiva, social e afetiva que a criança de baixa renda possui (SOUZA, 1996). Os problemas ligados à infância, como a falta de assistência familiar, o difícil acesso em creches e pré-escolas, a exposição à violência, a vulnerabilidade social e a exploração do trabalho infantil são algumas evidências da necessidade de ampliação de espaço e tempo para o atendimento da criança mais cedo na escola.

Porém, essa inclusão não deve ser certificada, conforme vimos, sob o viés assistencialista; ao contrário, deve estar conciliada a concepções de uma educação que oportunize à criança de seis anos uma formação adequada, atendendo às suas necessidades (de brincar e de aprender) e respeitando as suas singularidades. Dessa maneira, compreendemos que os problemas sociais não podem deixar de ser analisados, pois

> ... considerar, simultaneamente, a singularidade da criança e as determinações sociais e econômicas que interferem na sua condição, exige reconhecer a diversidade cultural e combater a desigualdade de condições e a situação de pobreza da maioria de nossas populações com políticas e práticas capazes de assegurar igualdade e justiça social. Isso implica garantir o direito a condições dignas de vida, à brincadeira, ao conhecimento, ao afeto e a interações saudáveis (KRAMER, 2006, p. 17).

Para atender aos princípios destacados pela autora, necessário se faz a garantia da reformulação do projeto político-pedagógico das escolas, da formação de professores e da adequação curricular, prevendo a ampliação do espaço lúdico, do acesso a linguagens artísticas e de inclusão social da criança de seis anos na escolarização. Destarte, reforçamos que não basta ampliar o tempo de permanência da criança na escola, é necessário observar as condições concretas para tal inclusão, evitando que esse posicionamento torne-se uma medida política para aumentar o número de crianças na escola.

2 Demandas para a instituição escolar

A Secretaria de Educação Básica, do Ministério da Educação, recomenda o trabalho coletivo na escola, demandando a ação efetiva dos professores e comunidade na definição do planejamento e das estratégias de ensino para atenderem às crianças de seis anos no Ensino Fundamental. Assim, reforça-se a necessidade de formação do educador, com vistas à compreensão sobre o desenvolvimento infantil, bem como a definição de práticas e conteúdos propícios para essa fase da vida.

No entanto, a questão da ampliação do tempo pedagógico no Ensino Fundamental não pode se restringir a uma mera medida administrativa e financeira. Essa medida deve ser incorporada pelos sistemas de ensino e equipes de professores como um desafio para a melhoria da oferta dos seus serviços e práticas educacionais. Ao mesmo tempo, destaca-se a responsabilidade aos estados, municípios e a União, de melhoria da estrutura física das escolas e da oferta de material didático de qualidade. Além disso, é importante assegurar a garantia do tempo e do espaço para a arte e para o lúdico, da infraestrutura para a elaboração coletiva do projeto político-pedagógico das escolas e da formação de professores.

Outro aspecto relevante diz respeito à compreensão de que na vida corrente a passagem entre a Educação Infantil e o ingresso da criança aos seis anos no Ensino Fundamental não deve sofrer uma ruptura (de formas de organização do trabalho docente, de oportunidades de brincar, fazer arte, ouvir histórias, entre outros), pois a criança continua na fase da infância, sem fragmentação de cunho biológico, cultural e social.

No entanto, a lógica de funcionamento escolar tende a segregar a Educação Infantil do Ensino Fundamental, colocando-as em posições opostas; uma voltada para o cuidado e o brincar, sem mediação pedagógica, e a outra destinada ao ensino conteudista exclusivamente. Contudo, reafirmamos que estas duas etapas da Educação Básica têm finalidades educativas e que devem ser perpassadas pela experiência social e pela formação cultural. Compreendemos, assim, que a Educação Infantil e o Ensino Fundamental são indissociáveis e envolvem saberes, práticas, afetos, cuidados e valores. De acordo com Kramer (2006), o objetivo de ambas as etapas é assegurar a apropriação e a construção do conhecimento por todos.

Diante dessa prerrogativa, cabe-nos a reflexão sobre o sujeito protagonista dessa mudança administrativa e pedagógica: a criança. Desse modo, discorreremos, a seguir, sobre a importância da arte para o desenvolvimento sociocultural e para a aprendizagem da criança, questionando o tempo destinado à atividade artística e à singularidade da infância na escola. Por considerar que a arte-educação, embora relevante, ainda é pouco tratada nos debates sobre políticas públicas, formação docente e planejamento pedagógico para o Ensino Fundamental, torna-se urgente um olhar reflexivo e cuidadoso sobre este campo.

3 A arte e as peculiaridades da infância no Ensino Fundamental

Após as considerações sobre a ampliação do tempo pedagógico do Ensino Fundamental, aprofundaremos a compreensão sobre as singularidades da infância e sobre as características do processo educativo em arte, com base nas necessidades (de aprender, de brincar e de fazer e apreciar arte) da criança. A reflexão sobre a importância da arte para o desenvolvimento cognitivo, afetivo e social da criança no Ensino Fundamental de nove anos merece destaque, por incidir na formação cultural, marcada pela ampliação da leitura de mundo, a apreciação estética, a produção artística e a contextualização social da aprendizagem (BARBOSA, 2003).

Inicialmente, é importante aprofundar a compreensão sobre a arte, desmistificando preconceitos históricos acarretados sobre a capacidade humana de produzir arte e cultura. A primeira questão a ser desmistificada diz respeito à concepção de arte como algo restrito aos museus e concebida como inacessível, limitada àqueles que possuem um "talento" nato.

Esse tipo de posicionamento destitui as classes menos favorecidas economicamente do seu potencial de criação e de apreciação estética, suprimindo a experiência artística do currículo escolar, bem como do cotidiano da vida social das populações. A arte passa a ser vista como algo de difícil fruição, destinada a poucos eruditos e intelectuais que detêm os meios de produção e o acesso à obra artística. Além disso, esse posicionamento reforça o estigma da criança como ser incapaz de apreciar o belo, de produzir cultura e de ser autônoma na expressão artística e na construção de conhecimentos.

Outro aspecto que merece desmistificação refere-se à compreensão da arte vista como qualquer atividade cotidiana que envolva um maior grau de habilidade e desempenho técnico, sem capacidade de repensar a realidade, e, sim, reproduzi-la, apenas representando-a simbolicamente. Ou seja, a arte é vista como ação meramente espontânea, fundada em princípios da livre-expressão, defendidos por pensadores e educadores da Escola Nova do início do século passado.

Esse tipo de postura restringe a importância da arte para o desenvolvimento cognitivo, para a ampliação da leitura de mundo e para o fortalecimento do potencial criativo humano. Além disso, essa perspectiva reforça o estigma do artista como um ser exótico, que lida com o mundo somente com aspectos subjetivos, destinados à criação e à expressão. Isso dificulta a compreensão da arte como área de conhecimento e como produção humana, histórica e, por isso mesmo, cultural.

Essas duas posturas reforçam a visão da arte como algo supérfluo, destinado ao ócio dos "gênios" e "talentosos" artistas e dificultam a compreensão da arte como trabalho humano (BOAL, 2009). No âmbito educativo, tal postura enrijece o preconceito de que a arte apresenta pouca importância efetiva para o aprimoramento cognitivo e cultural da criança, distanciando-se, por conseguinte, da formação de professores e do currículo do Ensino Fundamental. De um lado, a arte ganha uma conotação restrita e elitista ao rotular a criança das classes populares como incapaz de expressar-se artisticamente; por outro, a arte é vista como algo que não é passível de aprendizagem, e, sim, restrita ao sentido puramente pragmático da experiência dos afortunados.

Dessa maneira, buscamos reforçar que a arte é uma produção humana, fruto de determinado tempo histórico e espaço cultural, que traz relevantes benefícios para o desenvolvimento do ser humano. Tais benefícios referem-se à ampliação da habilidade de expressão e à libertação de pensamentos rotineiros, fundados em preconceitos sociais, ao questionar e desmistificar valores sociais. Por outro lado, compreendemos que a arte favorece, de acordo com os PCNs (1997), a constituição de campos de diálogo entre o particular e o universal, o local e o global, o individual e o coletivo, pois, ao criar, o ser humano estabelece uma ponte entre o seu pensar e o mundo social. A obra de arte pode ser apreciada por diferentes grupos sociais, cidades, regiões e países, contribuindo para a perspectiva intercultural da formação humana.

Considerando a relevância desse campo de discussão sobre a experiência estética e cultural, as orientações curriculares do Ministério da Educação situam a responsabilidade da escola, como espaço de formação integral da criança, em garantir a participação artística da criança no Ensino Fundamental. Necessário se faz assegurar o tempo e o espaço destinados à atividade artística, por isso, salientamos que a arte não está restrita aos grandes artistas e intelectuais; ao contrário, a arte é um tipo de ação especificamente humana, e que todos são capazes de praticá-la, ao participarem de processos formativos estéticos (BOAL, 2009). Por compreendermos a escola como campo de formação privilegiado, investimos na concepção de que a arte deve estar presente no currículo e no cotidiano escolar, como forma de garantir o acesso de todos à formação artística e cultural.

Destacamos, dessa forma, o posicionamento dos *Parâmetros Curriculares Nacionais* (PCNs) da área de Artes (1997), os quais orientam sobre a importância do fazer artístico, da fruição estética e da contextualização dos processos criativos e da obra artística (BARBOSA, 2003) para os repertórios de aprendizagem e para a identidade pessoal e cultural da criança. Apesar das críticas destinadas à construção e à implantação desse documento em âmbito nacional, é importante destacar que esse foi um dos marcos contemporâneos de defesa da arte, nos discursos oficiais, como área de conhecimento humano, com metodologias, correntes e processos educativos específicos. Os PCNs trazem abordagens importantes sobre quatro linguagens artísticas (dança, teatro, música e artes plásticas), explicitando concepções teóricas, orientações didáticas e especificidades do campo artístico para o Ensino Fundamental e Médio.

Reforçamos que os PCNs caracterizam-se como orientações a serem adaptadas de acordo com a cultura e a particularidade do currículo da unidade escolar, construídos com base na LDBEN 9.394, de 1996, que assegura a obrigatoriedade do ensino de arte em todo o país. Porém, apesar desse caráter obrigatório, verificamos que o entendimento sobre a importância da arte para o desenvolvimento infantil ainda é pouco aprofundado na escola e nos cursos de formação inicial e continuada de professores. Isso demanda um maior investimento na formação de educadores para a apreensão sobre a necessidade da arte na escola.

No que se refere ao Ensino Fundamental de nove anos, especificamente, é urgente a preparação da escola para acolher a criança de seis anos, possibilitando-a o acesso a experiências estéticas, criativas e culturais, uma vez que o trabalho pedagógico deve conciliar-se com o conhecimento científico e cultural. A cultura é aqui entendida tanto na sua dimensão de produção, ressignificação e utilização cotidiana de saberes e fazeres humanos nas relações sociais, quanto como produção historicamente acumulada presente na literatura, na música, na dança, no teatro, no cinema, dentre outras linguagens artísticas. Tal perspectiva ajuda-nos a pensar a escola em suas dimensões políticas, éticas e estéticas (SOUZA, 1996).

Desse modo, a atuação do professor na mediação dos espaços escolares é fundamental para atender às necessidades integrais da criança nessa fase da vida. Historicamente, os currículos escolares sofreram influências de correntes tecnicistas e de abordagens racionalistas de ensino, reduzindo a importância de atividades corporais e de cunho estético (teatro, dança, música, artes visuais, arquitetura, cinema e literatura) no cotidiano pedagógico. A ênfase conteudista da educação bancária (FREIRE, 1987) restringiu a atividade de educar a ensinamentos de técnicas e ao repasse de informações a serem assimiladas, distanciando tanto o professor quanto a criança do seu potencial imaginativo, criativo e inventivo. Tal situação subordina os sujeitos à mera postura de espectador, ou seja, aquele que assiste e acata o que está sendo veiculado por aqueles que detêm os meios de difusão cultural (BOAL, 2009).

O lugar da expressividade, da intuição e da criatividade passou a ser visto como algo de menor valor e de restrito potencial pedagógico. Por outro lado, a dificuldade de ensinar arte e de avaliar o grau da habilidade artística da criança em parâmetros numéricos (escala de nota de um a dez) reforçou o preconceito de que supostamente a arte seria uma área fluida, sem contornos definidos e sem sistematização teórica. Entretanto, cada vez mais se amplia o número de estudos produzidos e disseminados no âmbito das universidades de todo o mundo. De modo geral, muitas pesquisas têm abordado a importância da intuição e da sensibilidade, aspectos mobilizados pela atividade artística, para formação humana. De acordo com Zamboni,

> Em arte, a intuição é de fundamental importância, ela traz em grau de intensidade maior a impossibilidade de racionalização precisa. A arte não tem parâmetros lógicos de precisão matemática, não é mensurável, sendo grandemente produzida e assimilada por impulsos intuitivos; a arte é sentida e receptada, mas de difícil tradução para formas integralmente verbalizadas. Essas colocações, entretanto, não pretendem negar que a arte tenha, também, a sua parte racional (ZAMBONI, 2001, p. 28).

Com base no pensamento do autor, é possível inferir que a arte potencializa formas de aprendizagem não quantificadas, atuando sob a formação do sujeito como um todo, considerando os aspectos corporais, cognitivos, afetivos, intuitivos, sociais e culturais. Nesse processo de formação integral do ser humano, por meio da aprendizagem de novas formas de linguagem e de conhecimento de mundo, compreendemos que a arte apresenta contribuições para a aprendizagem significativa da criança.

Tais contribuições giram em torno da ampliação da percepção estética, do desenvolvimento do uso de variadas linguagens (oral, escrita, corporal, visual, dramática, sonora, dentre outras) e da constituição das relações sociais e do fortalecimento dos vínculos afetivos (VYGOTSKY, 1999). Ao inventar novas formas de expressão, por meio da atuação em arte, a criança antecipa suas capacidades comunicativas e estratégias de uso de habilidades corporais, cognitivas e linguísticas, ainda em construção.

Segundo Vygotsky (1999), ao interagir com a(s) forma(s) de expressão de seus colegas da mesma faixa etária, ou de crianças mais velhas, ela estará ampliando a sua capacidade de apreensão de modos de se relacionar com a vida e com os demais sujeitos na escola.

4 Arte e infância: questões para (re)pensar a atuação e a formação docente

Ao tratarmos sobre a compreensão da cultura lúdica infantil e a sua relação com a arte[6], é fundamental tecermos reflexões sobre o trabalho pedagógico no Ensino Fundamental de nove anos e a necessidade de maiores investimentos na formação estética, política e cultural do educador.

No campo da formação docente, é importante considerar a criança como construtora de sua história e participante de um meio social. Compreendendo-a dessa maneira, perceberemos que seus modos de expressão, comunicação e criação refletem muito do que foi ensinado, e, principalmente, como ela apreende o "mundo do adulto". Mesmo criando um contexto imaginário, paralelo e em diálogo com o meio social, a criança se insere nesse campo para apreender melhor a sua realidade e poder comunicar com os sujeitos ao redor.

De acordo com Vygotsky (1999), a imersão na cultura lúdica destina à criança ferramentas imprescindíveis para a sua aprendizagem: a imaginação, a inteligência, a sensibilidade e o domínio da linguagem. Porém, ao refletir sobre o universo infantil, Sônia Kramer (2006) analisa o quão distante situam-se as pré-escolas e creches, bem como a formação dos pedagogos, do trabalho significativo com a criança, destacando que:

> Interessadas em brinquedos e bonecas, atraídas por contos de fadas, mitos, lendas, querendo aprender e criar, as crianças estão mais próximas do artista, do colecionador e do mágico, do que de pedagogos bem intencionados. A cultura infantil é, pois, produção e criação. As crianças produzem cultura e são produzidas na cultura em que se inserem (em seu espaço) e que lhes

---
[6] *Compreendemos que arte e ludicidade são campos distintos de estudos, com especificidades próprias. Entretanto, a presente discussão não se propõe a este debate. Busca, na verdade, defender estes dois campos de conhecimento como fundamentais para a formação integral da criança.*

é contemporânea (de seu tempo). A pergunta que cabe fazer é: quantos de nós, trabalhando nas políticas públicas, nos projetos educacionais e nas práticas cotidianas, garantimos espaço para esse tipo de ação e interação das crianças? (KRAMER, 2006, p. 16).

Com base na contundente provocação feita por Kramer, questionamos se os curriculares das escolas de Ensino Fundamental de nove anos têm reservado espaço e tempo para a ação de criar e aprender artística e ludicamente. A autora instiga o leitor a interrogar se é possível trabalhar com crianças sem gostar/saber brincar. Isso incide diretamente na formação de pedagogos, que, segundo a autora, deve ser perpassada pelo âmbito da arte e da cultura lúdica infantil, refletindo também criticamente sobre as concepções de infância historicamente (re)produzidas e difundidas na escola.

Concordamos com a afirmação da autora sobre a possibilidade viável do educador aprender com a criança a imaginar, a brincar, *a ver o mundo pelo avesso*, disponibilizando-lhe meios e instrumentos de produção (tinta, cena, música, imagens, jogos dramáticos e assemelhados) para a expressão do que está aprendendo e imaginando.

Nesse contexto de discussão, é válido salientar que tais questões ligadas à atuação do educador precisam ser asseguradas no âmbito da formação docente, por compreender a necessidade de profissionalização da atuação do pedagogo, tanto na dimensão educativa e cultural, quanto na perspectiva política. Compreendemos que o trabalho docente não deve representar um mero meio de sobrevivência, pois, ele atribui ao sujeito a posse da adjetivação que o torna humano entre os demais atores sociais.

Desse modo, ao abordarmos a dimensão do trabalho docente, versamos sobre a perspectiva da luta pela sobrevivência (*homo laborans*) e sobre o processo de produção da cultura (*homo faber*). O segundo adquire, no cotidiano das relações sociais, um conectivo político, de ação e intervenção no mundo, pelo qual o professor constrói progressivamente a sua identidade de trabalhador e da condição do ser professor (SOUZA, 1996).

Compreendemos que o trabalho docente desenvolve-se no bojo da ação política que se dá no interior de uma sociedade e por meio dos educandos em formação. Porém, para realizar tal ação política, é necessário o investimento das universidades, dos sistemas públicos de ensino, das gestões e políticas educacionais na qualificação profissional, nas condições concretas das práticas intencionais e construídas socialmente.

Nessa perspectiva, a autora aponta para três dimensões da condição humana: o *labor*, a *poiesis* e a *práxis*. De modo sucinto, entendemos o *labor* como a atividade submissa ao ritmo da natureza e às circunstâncias concretas do cotidiano social; a *poiesis* é a criação que subsiste à vida do sujeito-criador; e a *práxis* é, em sentido filosófico, atividade livre por meio da qual os sujeitos repensam suas ações, visando ao bem-estar de todos os cidadãos.

O educador, ser social, político e cultural, atua e interfere nas relações humanas no interior da formação dos sujeitos na escola. Favorecer a reflexão sobre as dimensões do trabalho docente como *labor, poiesis* e *práxis* significa possibilitar que o educador repense a sua condição profissional de intervenção no mundo. Assim, a atuação do professor no Ensino Fundamental de nove anos, em uma perspectiva de possibilitar a aprendizagem em arte e o respeito às peculiaridades da criança, carece de investimento na formação desse sujeito no seu campo de ação pedagógica específica e na reflexão acerca das relações sociais de modo ampliado.

No caso específico do Ensino Fundamental, tal posicionamento possibilita o aprofundamento do autoconhecimento do pedagogo cuja condição é a de um ser profissional e social e da percepção do outro, ou seja, da criança com suas diferenças culturais, sociais, étnicas e cognitivas.

Nesse contexto, compreendemos a atividade artística como propósito de intensificação da identidade pessoal e cultural, por meio do conhecimento de mundo, acirrado na relação com o outro. Por isso, investimos na discussão de que a formação docente deve ser perpassada pelos seguintes vieses: o político (da profissionalização e da intervenção no mundo por meio do trabalho), o social (da atuação no cotidiano e de compreensão do seu contexto) e o cultural (da produção de saberes e fazeres humanos).

Nesse sentido, para assegurar um trabalho de qualidade no Ensino Fundamental de maneira que garanta o respeito e a valorização das peculiaridades da infância e do trabalho artístico e cultural na sala de aula, é importante investir na formação artística e cultural do pedagogo. Somente por meio da formação reflexiva, com base no trabalho na *poiesis* e na *práxis* o educador construirá condições de compreender que, no processo contínuo de apreciar e fazer arte, a criança aprende se apropriando dos meios de produção cultural; ela aprende em consonância com suas necessidades de apreensão do mundo e de expressão para o mundo, com base nas suas interações diversas.

No âmbito da formação docente, é fundamental o entendimento da criança como ser social, fruto de contextos distintos e que se constitui não somente pelo modo como é ensinada e, sim, principalmente, pelas formas de mediação cultural. Em um país como o nosso, marcado por profundas contradições sociais, encontramos classes diferentes de criança, o que nos mobiliza a pensar em "infâncias" e não em um universal modelo de infância brasileira, baseado nos moldes da classe média. As formas de brincar, de expressar e de criar refletem o pertencimento cultural das crianças, visto que estas

> ... nascem no interior de uma classe, de uma etnia, de um grupo social. Os costumes, valores, hábitos, as práticas sociais, as experiências interferem em suas ações e nos significados que atribuem às pessoas, às coisas e às relações (KRAMER, 2006, p. 17).

Desse modo, compreendemos que o brincar e a arte, além de ativarem e de expressarem a dimensão social da criança, capacitam-na para a vivência, a aprendizagem e a interlocução com diferentes sujeitos na sua formação social. Sob esse aspecto, Vygotsky, em seus estudos sóciointeracionistas, afirma que:

> A arte é o social em nós, e, se o seu efeito se processa em um indivíduo isolado, isto não significa, de maneira nenhuma, que as suas raízes e essência sejam individuais. É muito ingênuo interpretar o social apenas como coletivo, como existência de uma multiplicidade de pessoas. O social existe até onde há apenas um homem e as suas emoções pessoais. Por isso, quando a arte realiza a catarse e arrasta para este fogo purificador as comoções mais íntimas e mais vitalmente importantes de uma alma individual, o seu efeito é um efeito social (VYGOTSKY, 1999, p. 315).

A arte, como experiência individual, incide sobre a experiência sociocultural do sujeito, capacitando-o para a leitura do mundo e para a sua recriação. Entendemos, nessa perspectiva, que a aprendizagem em arte pode ser compreendida como um tipo de vivência que parte da capacidade cognitiva, da sensibilidade, do ato criativo e do processo artístico. A vivência artística mediada pelo educador favorece o desenvolvimento imaginativo, pois no ato de criar cenas, ou desenhar, a criança lança mão de uma bagagem de conceitos, imagens e interpretações já sedimentadas no seu universo interpretativo, para dar forma ao seu conhecimento e expressá-lo, atribuindo sentido e reinventando-o.

Para Vygotsky, o ser humano aprofunda sua sensibilidade criadora por meio das emoções suscitadas pela arte, por isso, a experiência estética tem relação direta com a formação do imaginário humano. Por essa razão, afirmamos que a atividade artística é complexa por ativar elementos culturais, sensíveis e cognitivos de forma plena e integrada. Sobre esse aspecto, Umberto Eco anuncia que o artista, formando, inventa leis e ritmos totalmente novos, mas esta novidade não surge do nada, surge como uma livre resolução de um conjunto de sugestões que a tradição cultural e o mundo físico propuseram ao artista (ECO, 1986, p. 18).

Para o autor, a conjunção entre o conhecimento cultural, os meios disponíveis para a atuação em consonância com a sensibilidade dão suporte para a criação, visto como relevante fundamento da existência humana. Por considerar tais aspectos imprescindíveis para a experiência, defendemos que tipo de ação seja garantido no cotidiano escolar e da formação docente, possibilitando conceber e concretizar um tipo de atuação pedagógica que valorize as singularidades infantis, por meio das interações sociais, artísticas e culturais.

Diante do exposto, torna-se possível afirmar a necessidade de efetiva inclusão da arte no Ensino Fundamental de nove anos, considerando não apenas os aspectos ligados à espontaneidade e à livre-expressão; é importante favorecer o exercício criativo, por meio de metodologias de ensino participativas centradas no jogo, na investigação dos elementos disponíveis na cultura e na utilização de materiais de modo inventivo e criativo.

Porém, tal processo só poderá ter condições de concretização por meio da formação teórico-prática de educadores, perpassada pelo conhecimento em arte e pela compreensão da peculiaridade e da necessidade da criança no Ensino Fundamental de nove anos.

Brincando de concluir

Nesse texto, abordamos a importância da arte para o desenvolvimento infantil, apresentando reflexões sobre a necessidade de oferecimento de modos de educar pautados no fazer artístico. Tal perspectiva implica na apreciação estética e na contextualização histórico-cultural da obra de arte, incidindo diretamente no campo da formação de professores.

As legislações educacionais citadas apontam para a escola o papel da formação do cidadão para atuar frente aos diversos meios e instâncias culturais de seu tempo, buscando garantir uma formação que dê suporte ao desenvolvimento social do país. Para atuar na sociedade vigente, o sujeito precisa munir-se das ferramentas necessárias para a participação ativa nas relações sociais. O papel da escola, desse modo, torna-se a promoção da sistematização das aprendizagens construídas em diferentes contextos sociais de atuação da criança.

Por considerar a escola um espaço privilegiado de formação, por estar presente nas mais diversas comunidades urbanas e rurais e por atingir grande contingente de crianças, o seu papel é, muito mais do que alfabetizar, ampliar o espaço e o tempo para experiências individuais e coletivas, no âmbito estético, cultural e social. Esses atributos trazem, em si mesmos, um viés educativo e por isso, político.

Dessa maneira, situamos a importância do ensino de arte para o estímulo à capacidade humana de interpretar os signos da vida e de dar sentido às situações, objetos e contextos socioculturais. Tal perspectiva, entretanto, se articula ao repertório vivencial e cultural do sujeito que é trazido à tona no ato interpretativo, interacional ou inventivo. Ao ler um texto, ver um quadro, ouvir música, ou assistir a um espetáculo de teatro, a criança ativa os signos disponíveis em sua experiência de vida para dar sentido àquilo que foi contemplado. Essa experiência aciona as dimensões cognitivas, sensoriais e comunicacionais do desenvolvimento infantil, impulsionando progressivamente a sua apreensão significativa de mundo.

O texto sustentou que a mediação destes processos necessita de investimento na formação docente, da abertura para o acolhimento da produção criativa da criança e da reformulação dos currículos escolares. Sinalizou também a importância da promoção de processos artísticos que incentivem a construção de diferentes formas de expressão construídas histórica e culturalmente pelo ser humano.

Convém enfatizar que a idade não deve ser o aspecto que define o momento de inserção da criança no Ensino Fundamental, de modo que atenda a ampliação do tempo pedagógico; é preciso considerar a sua capacidade de construção de relações sociais e de aprendizagem. Nessa fase, a criança já apresenta possibilidades de compreender o mundo, utiliza múltiplas formas de linguagens e já participa de jogos com regras (teatrais, musicais e linguísticos).

Tais vivências artísticas, culturais e escolares favorecem a construção de conhecimentos, da autonomia e da identidade, bem como a apropriação de valores sociais e a sua inserção em práticas culturais. Porém, a inclusão da criança de seis anos deve ser planejada, consistindo na reformulação curricular, na formação de professores e na oferta de tempo e espaço para a infância.

Enfim, afirmamos a emergência da superação da dimensão meramente administrativa das propostas de mudanças legais e organizacionais historicamente acompanhadas na educação brasileira. Com vistas à garantia da permanência e da qualidade da aprendizagem e do desenvolvimento pessoal, social, cognitivo e cultural das crianças em todos os níveis da Educação Básica, é imprescindível assegurar o respeito à infância e às suas formas de produção cultural e de inserção na vida em sociedade.

Bibliografia

BARBOSA, A. M. (Org.). *Inquietações e mudanças no ensino da arte*. São. Paulo: Cortez, 2003.

BOAL. A. *A estética do oprimido*. Rio de Janeiro: Garamond, 2009.

BRASIL. Secretaria de Educação Básica. *Ensino Fundamental de nove anos*: orientações gerais. Brasília: Ministério da Educação, 2004.

BRASIL. *Parâmetros Curriculares Nacionais:* séries iniciais do Ensino Fundamental. Ministério da Educação. Secretaria de Educação Fundamental. Brasília: MEC, 1997.

BRASIL. *Constituição da República Federativa do Brasil*. Brasília: 1988.

BRASIL. *Estatuto da Criança e do Adolescente*. Lei nº 8069. de 13 de julho de 1990, Lei n. 8.242, de 12 de outubro de 1991. 3. ed. Brasília: Câmara dos Deputados, 2001.

BRASIL. *Lei de Diretrizes e Bases da Educação Nacional* nº. 9.394, de 20 de dezembro de 1996. Diário Oficial da República Federativa do Brasil, Brasília, DF, 1996.

BRASIL. *Lei nº. 10.172, Plano Nacional de Educação*, de 9 de janeiro de 2001. Brasília, DF, 2001.

BRASIL. *Lei nº. 11.274, de 6 e fevereiro de 2006. Diário Oficial da República Federativa do Brasil*. Brasília, DF, 2006.

ECO, U. *A definição da arte*. Trad. J. M. Ferreira. Lisboa: Ed. 70, 1986.

FREIRE, P. *Educação como prática de liberdade*. São Paulo: Paz e Terra, 1987.

FREIRE, P. *Pedagogia da autonomia*. São Paulo: Paz e Terra, 1996.

KRAMER, S. *A infância e sua singularidade*. In: BRASIL, Ministério da Educação. *Ensino fundamental de nove anos*: orientações para a inclusão da criança de seis anos de idade. Brasília: FNDE, Estação Gráfica, 2006.

KRAMER, S. *A política do pré-escolar no Brasil*: a arte do disfarce. 8. ed. São Paulo: Cortez, 2006. Biblioteca da Educação. (Série 1. Escola, v. 3).

SOUZA, A. N. de. *Sou professor, sim senhor!*: representações do trabalho docente. Campinas: Papirus, 1996. (Col. Magistério: Formação e prática pedagógica).

VYGOTSKY, L. S. *Psicologia da arte*. São Paulo, Martins Fontes: 1999.

ZAMBONI, S. *A pesquisa em arte*: um paralelo entre arte e ciência. Campinas: Autores Associados: 2001.

II Eixo

Filosofia e Formação Docente

Capítulo 2

Ensaio de superação do determinismo psicofísico na compreensão do desenvolvimento cognitivo e da aprendizagem

Gilfranco Lucena dos Santos[1]

Introdução

O tratamento da questão do desenvolvimento cognitivo e da aprendizagem escolar em Pedagogia desenvolve-se geralmente em torno do estudo sobre como se constitui o processo *psicológico* de desenvolvimento do indivíduo. No contexto universitário, esse estudo é construído em função de poder compreender o modo como o indivíduo adquire capacidades próprias ao ser humano, tais como a fala[2] (linguagem articulada dentro de um contexto social), o pensamento projetivo e calculador, a leitura e a escrita.

---

[1] *Bacharel e Mestre em Filosofia pela Universidade Federal de Pernambuco. Doutorando do Programa de Doutorado Integrado UFPE-UFPB-UFRN. Professor Assistente do Centro de Formação de Professores da Universidade Federal do Recôncavo da Bahia. É autor do livro* Tempo e história na hermenêutica bíblica. *São Paulo: Loyola, 2009. E-mail: gilfranco@ufrb.edu.br.*

[2] *Ao usar o termo fala refiro-me aqui à capacidade especificamente humana de comunicação. Um surdo fala! O fato de ele não poder articular seu modo humano de comunicar-se por meio dos sons da voz (fonemas) não quer dizer que ele não fale. Não poder "ouvir" os sons da voz e sintonizar os sons de sua voz com o dos outros não significa que ele não possa escutar muito mais e melhor. O fato de não poder articular sua comunicação com fonogramas não quer dizer que não possua ideogramas (sinais visuais). Os ideogramas da Linguagem de Sinais Brasileira constituem uma língua a ser aprendida. Nós, que usamos fonogramas, é que não procuramos fazer o exercício de articular linguisticamente a nossa comunicação ideográfica, coisa que os surdos fazem com a maior presteza. Outra coisa importante a considerar nessa compreensão do termo fala é que eu o uso no sentido filosófico de "poder dizer", "ter algo a dizer a alguém"; como se ouve dizer no conhecido ditado: "O silêncio fala mais do que mil palavras". A fala é a articulação de sentidos que até o silêncio pode comunicar.*

Com base no conhecimento de como se dá no indivíduo esse processo de desenvolvimento cognitivo e de aprendizagem, a Pedagogia investiga ainda métodos adequados, que favoreçam ao indivíduo um "bom" desenvolvimento de suas "funções cognitivas" ou "habilidades". A partir do conhecimento das condições psicofísicas e sociais necessárias, para que se estabeleça o processo de desenvolvimento da cognição e da aprendizagem, a Pedagogia procura buscar os meios que tornarão o indivíduo capaz de se "adaptar" à nossa cultura letrada, tecnológica, econômica e política (cidadã).

A preocupação com a questão do desenvolvimento cognitivo está vinculada à determinada visão e situação da existência humana próprias de nosso tempo e de nossa história, cujas características são demonstradas hoje em nível global. O homem e a mulher de hoje alcançam a "estatura plena" de sua formação, "somente" se suas capacidades cognitivas e emotivas o tornam preparados para "sobreviver" na sociedade técnico-industrial, científica, economicamente globalizada e politicamente estruturada (cidadã) na qual vivemos hoje. Tal preocupação não pode, porém, prescindir de uma visão filosófica crítica, que nos faça superar certos pré-conceitos. Palavras como "funções cognitivas", "adaptação", "sobrevivência", que procurei evidenciar acima, estão carregadas de uma expectativa infundada de nossa sociedade, ao querer formar o "ser humano capaz".

A visão filosófico-pedagógica crítica conduz-nos a uma conscientização mais clara do que estamos fazendo e do que temos a fazer no processo de formação do indivíduo humano. Essa conscientização nos dá a possibilidade de colocar uma vez mais as seguintes perguntas: *que homem e mulher nós queremos formar em nossa sociedade? E que recursos materiais e humanos temos que mobilizar para que a educação possa chegar a cumprir seu papel?*

É importante ressaltar que, com a palavra *formar*, eu não quero dizer que a atitude educativa consiste no fato de "colocar em uma fôrma". Também não quero dizer que se trata de "informar" o indivíduo pela mera "transmissão de dados" que ele deva "armazenar". Também não se trataria de "formatar", o qual, segundo informou-me meu colega Leandro Diniz, Educador Matemático e Professor do Centro de Formação de Professores da UFRB, "teria o mesmo significado da informática, ou seja, 'dar forma segundo padrões'."[3] Essa palavra *formar* pretende retomar aqui o antigo conceito grego de *eidos* (forma ou aspecto essencial) e *eidein* (evidenciar ou conhecer e saber), pelo qual o conhecimento a ser adquirido pelo ser humano é compreendido como um *ser levado a ver mais e melhor*[4]. A clarividência que, como diz Milton Santos, se adquire principalmente pelo estudo. Trata-se de compreender a formação humana como um caminho pelo qual nós podemos ver além das aparências, pelo qual podemos ler nas entrelinhas, pelo qual podemos superar preconceitos e compreender e interpretar o mundo com que deparamos em suas articulações profundas de sentido e suas características as mais singulares.

---

[3] *O Prof. Leandro, a quem agradeço muito a correção e discussão desse capítulo, falou-me que o termo "formatar", cito como ele me escreveu em parecer a este capítulo, "poderia 'ampliar' ou 'repensar' a noção de forma, pois formamos a partir de pelo menos uma visão teórica, como a filosófico-pedagógica crítica", por exemplo. Escreveu-me ainda dizendo que ele se apropria "da noção de 'formatar' a partir de um artigo de Marcelo Borba e Ole Skovsmose, educadores matemáticos (brasileiro e dinamarquês, respectivamente) que pontuam como a Matemática pode formatar decisões na sociedade, o que eles utilizam para construir o constructo teórico 'poder formatador da Matemática'." Entendo que é possível que toda proposta educacional em seu teor pedagógico implica de alguma maneira certos padrões. Mas estou procurando pensar aqui um modo pelo qual formar não implique propriamente um padrão formatador, mas uma proposta que prepare ambos, educador e educando, para assumir sempre a cada vez uma postura atitudinal, que possa leva-los a superar padrões e o próprio ato de padronizar. É verdade que, como diz Leandro, "nos paradigmas que defendemos, poderíamos dizer que a formatação é mais 'aberta', mais 'flexível', como um elástico, que podemos ampliar as fronteiras que ele estaria limitando." Mas formar, a meu ver, implicaria superar a padronização: implica levar a si mesmo o poder de a cada vez ver mais e melhor os aspectos singulares que sempre escapam à padronização.*

[4] *Cf. Aristóteles, Metafísica, A 1, 980a 21-27. Trata-se da conhecida frase de Aristóteles do início de sua Metafísica e que é comumente traduzida nos seguintes termos: "todo homem deseja por natureza conhecer". Para o termo conhecer Aristóteles usa o termo grego* eidenai. *Heidegger traduz essa mesma sentença levando em conta que o sentido de* eidenai *provém de* eidein *que significa mais propriamente ver, evidenciar. A interpretação do termo* eidenai *como ver mais e melhor é amplamente caracterizada pelo Curso de Heidegger intitulado Interpretações fenomenológicas de tratados escolhidos de Aristóteles sobre ontologia e lógica (cf. Martin HEIDEGGER, Phänomenologische Interpretationem ausgewählter Abhandlungen des Aristoteles zur Ontologie und Logik. Gesamtausgabe II. Abteilung: Vorlesungen 1919-1944, vol. 62. Frankfurt AM Main: Vittorio Klostermann 2005).*

Neste capítulo de um livro dedicado à *formação* de professores não se configura, porém, a intenção de dar uma resposta pronta às perguntas levantadas acima. Trata-se apenas de iniciar o processo de sua colocação e estabelecer uma primeira possibilidade de diálogo em torno dela. Antes de tudo, a colocação da pergunta sobre o ser humano que queremos formar e os recursos que temos de mobilizar para tanto, exige de nós uma tomada de consciência de nossa tarefa como educadores. Requer também um reconhecimento dos limites que temos de nos impor e da importância de nos orientarmos criticamente em nosso contexto sócio-cultural.

Nesse sentido estou convencido de que somente por meio de uma prática educativa crítica é que podemos pensar o problema do desenvolvimento cognitivo e da aprendizagem em pedagogia. E, por isso mesmo, estou convicto de que a primeira atitude deve ser a de não partir ingenuamente dos resultados da ciência psicofísica empírica e procurar aplicá-la à educação. Além disso, na América Latina, essa postura crítica própria da prática educativa em geral está fundada também no solo de injustiça e desigualdade social no qual nos encontramos. Essa, por sua vez, não pode perder de vista a dimensão ética da relação ensino-aprendizagem, a qual Paulo Freire tanto se referia, sob pena de tornar-se acrítica nesse aspecto.

Assim, no primeiro tópico tenho a intenção de procurar alcançar a consciência de caráter filosófico dos limites de uma visão determinista do mundo. É preciso que nós tomemos consciência de que a dimensão psicofísica não abarca o todo do indivíduo de maneira determinista, isto é, sem o concurso de sua liberdade linguisticamente motivada e motivante. Este âmbito de uma liberdade motivada por uma articulação linguística e comunicativa (ao que, em geral, pode ser dado o nome de consciência ou espírito humano) articula-se com as capacidades psicofísicas do indivíduo e as unifica em função de alcançar determinadas metas.

No segundo tópico tentarei explicitar a importância de conhecer as condições psicofísicas nas quais se constitui o processo cognitivo do indivíduo, e para que fins a pedagogia pode tomar posse desses conhecimentos.

No terceiro tópico, considerarei a importância de ter em vista as conquistas feitas pela pedagogia brasileira, acima de tudo o pensamento pedagógico de Paulo Freire. De acordo com tal pensamento pode-se conquistar uma visão mais ampla do indivíduo em situação de aprendizagem, que leve em conta a sua situação social e a natureza ética da relação ensino-aprendizagem.

Por fim, no último tópico, chamarei a atenção para a importância da interdisciplinaridade em Pedagogia. Encontramo-nos em um processo constante de fragmentação e especialização do saber. Além disso, cresceu também a possibilidade de acesso, em nível mundial, ao estado das pesquisas sobre o processo de desenvolvimento cognitivo. Por isso, faz-se extremamente necessário trabalhar em diálogo constante com disciplinas afins, tais como a Psicologia, a Psicopedagogia, a Fonoaudiologia, a Psicanálise, a Sociologia, a Ética, dentre outras.

1 Os limites da Psicologia: o problema da crença no determinismo psicofísico

Não é tão óbvio que sempre haja entre os educadores uma consciência clara a respeito dos limites que se deve estabelecer entre *consciência* e *psiquismo*[5]. A consciência é uma

---

[5] *No campo filosófico, faz-se relevante a investigação fenomenológica de Edith Stein intitulada* Contribuições para a fundamentação filosófica da psicologia e das ciências do espírito, *para quem a consciência tem um estatuto ontológico próprio fundado na torrente histórica de vivências do eu, que também é dotado de um psiquismo. Segundo Edith Stein, a consciência é "objeto" de investigação da fenomenologia, enquanto o psiquismo, algo que o ser humano tem em comum com a animalidade, é o objeto de investigação próprio da psicologia (cf. Edith STEIN,* Beiträge zur philosophischen Begründung der Psychologie und der Geisteswissenschaft/ Eine Untersuchung über den Staat, *2. ed. Tübingen: Max Niemeyer, 1970, p. 4-5). Tal posição é comum à fenomenologia e já se encontra discutida por Edmund Husserl em suas* Ideias para uma fenomenologia pura e uma filosofia fenomenológica: introdução geral à fenomenologia pura*(cf. E. HUSSERL, op. Cit., trad. Márcio Suzuki. Aparecida-SP: Ideias & Letras, 2006). Posição semelhante de uma distinção entre um horizonte de ser espiritual e um horizonte psíquico vê-se presente na filosofia de outro fenomenólogo: Max Scheler (cf. M. SCHELER,* A posição do homem no cosmo, *trad. Marco Antônio Casanova. Rio de Janeiro: Forense Universitária, 2003, p. 35-46). É a partir de tal distinção, que se torna possível discutir a questão do determinismo psicofísico, (cf. Edith STEIN, op. Cit., p. 84-105). É preciso verificar, que no indivíduo não atuam somente determinações psicofísicas; nele atuam também fatores que provêm de um núcleo de personalidade que lhe é próprio, além da força de vontade, liberdade e motivações racionais do indivíduo que, em cada situação, exercem inclusive influência sobre o acontecimento psíquico (cf. E. STEIN, op. Cit., p. 106).*

dimensão costumeiramente chamada de espiritual. Trata-se fundamentalmente de uma articulação linguística de sentido, que é comunicativa e autotransparente para si mesma. Trata-se da existência fática que se autoexplícita na linguagem. O psiquismo é uma constituição psicofísica natural, passível de ser apreendida em sua estrutura natural biofísica e biopsíquica. À falta de clareza a respeito dessa diferença alie-se também a dificuldade de estabelecer os limites do conhecimento psicológico e de abrir mão do preconceito determinista, às vezes muito arraigado, especialmente em nossa cultura universitária brasileira.

O psicologismo cresceu como uma onda e até mesmo como uma moda não somente no Brasil ainda hoje, e na Europa desde fins do século XIX. Com ele também cresceu a "ideologia" do determinismo psicofísico, segundo a qual vivências e estruturas psicofísicas advindas da história pessoal, determinam de modo absoluto, ou pelo menos inevitável, o desenvolvimento do indivíduo, também no que diz respeito à sua cognição.

Posições acríticas semelhantes a essas não deixam de exercer influência sobre a prática educativa. Especialmente se os educadores, no afã do psicologismo, começam a ver as deficiências dos indivíduos e as insuficiências de seu aprendizado, e se eles começam a vincular o comportamento dos indivíduos simplesmente a possíveis situações de sua história e aos possíveis traumas que poderiam inviabilizar o seu aprendizado. Tal situação não se torna problemática simplesmente pela aplicação insuficiente da ciência psicológica, mas acima de tudo pelo preconceito determinista que ela engendra.

O desenvolvimento da filosofia como fenomenologia no século XX teve o grande interesse de superar o preconceito determinista das ciências psicofísicas. Não só a fenomenologia foi protagonista na busca de superação desse preconceito, mas muitos outros filósofos e humanistas que estiveram atentos à necessidade de diferenciar o tratamento do ser humano como "objeto" de ciência[6]. Os educadores de hoje não podem mais se restringir ao conhecimento superficial das teorias advindas das ciências psicofísicas, muito menos se aventurar a aplicá-las às situações práticas vividas por ele na escola. Torna-se fundamental o conhecimento das teorias de superação do determinismo desenvolvidas pela filosofia contemporânea, especialmente a fenomenológica. Exige-se hoje o conhecimento não apenas manualístico das teorias psicológicas e os resultados de suas pesquisas. Mais importante do que conhecimento manualístico das opiniões científicas é compreender o próprio processo de aquisição da ciência psicológica, seus pressupostos e pré-conceitos fundamentais, bem como seus limites.

A não redução do ser humano ao fenômeno psicofísico é, nesse sentido, uma reconquista fundamental, que poderá ajudar na superação do preconceito determinista. As potencialidades do indivíduo não estão atreladas somente às suas condições psicofísicas. Muito menos ainda se deve achar que a formação do indivíduo deve estar presa ao desenvolvimento das capacidades técnico-práticas de eficiência empresarial e industrial que a nossa civilização exige. Ainda que o desenvolvimento dessas capacidades tenha o seu grau de importância na formação dos indivíduos de nossa sociedade, ela não deve se constituir no eixo fundamental de nossa educação.

A consciência e o espírito humano forjados na história do pensamento, bem como o *ethos* histórico fundamental que nos define, precisam também ser compreendidos, se pensamos em formar o indivíduo como um ser humano livre das determinações psicofísicas de sua história. Não podemos negar as determinações psicofísicas, mas também não podemos tornar o indivíduo inteiramente

---

[6] *Nesse sentido fazem-se também fundamentais as tentativas de delimitação entre as ciências naturais e as ciências do espírito (ciências humanas), desenvolvidas por Wilhelm Dilthey, especialmente em seu livro* A construção do mundo histórico nas ciências do espírito *(cf. Wilhelm DILTHEY,* Der Aufbau der geschichtlichen Welt in den Geisteswissenschaften*, 5. Ed. Frankfurt am Main: Suhrkamp, 1997).*

dependente delas. Tudo o que a educação e o educador podem fazer em relação às determinações psicofísicas de seus educandos é contar com suas diversas determinações, descobrir suas potencialidades para tarefas que sua força de ânimo pode desenvolver, independentemente de que a nossa sociedade global de exclusão esteja preparada para ela ou não. Daqui advém a possibilidade de criação dos espaços reais de inclusão, a partir das demandas do indivíduo e não a mera construção de espaços de adequação. Incluir não é só adequar espaços sociais para os indivíduos. Incluir não é adaptar para adequar. Incluir é estabelecer as condições de promoção.

Uma visão psicofísica determinista é anticriativa e geradora de exclusão. Ela só se preocupa em identificar as causas dos limites dos indivíduos, suas deficiências, suas doenças e traumas que a nós parecem, às vezes, irreversíveis. Além disso, ela nos torna acríticos e nos limita a proporcionar o desenvolvimento dos indivíduos apenas naqueles campos que dependem de capacidades já previstas. Como educar para a liberdade e o florescimento de seres humanos livres, se nossas estruturas educativas estão orientadas apenas para desenvolver capacidades previsíveis? A abertura ao ânimo criativo próprio do ser humano e que se desenvolve como força mobilizadora de nossas determinações psicofísicas precisa entrar na pauta de nossa reflexão.

2 A forma como a Pedagogia se apropria das teorias psicológicas do desenvolvimento cognitivo

As próprias ciências que estudam as condições psicofísicas do indivíduo estão, até certo ponto, liberadas do preconceito determinista. Elas têm dado cada vez mais lugar não somente à identificação das causas que conduzem os indivíduos às determinações fundamentais de sua constituição psicofísica. Também não se limitam à simples busca de "remédios" para as "doenças" desses indivíduos. Elas interessam-se hoje, acima de tudo, em buscar meios para que, mesmo submetido a tão diversas determinações de caráter psicofísico, o indivíduo possa encontrar seu espaço de liberdade e criatividade, que lhe favoreça o desenvolvimento das potencialidades de seu espírito humano.

É nesse espírito que os educadores são chamados a conhecer a fundo as teorias psicológicas, se pretendem compreendê-las de fato. Não pode restringir-se ao conhecimento superficial de algumas delas. Não pode muito menos restringir-se a querer aplicá-las aos casos de sua prática educativa. Não pode fazer delas um dogma inquestionável[7].

Conhecer o processo psicológico envolvido no desenvolvimento cognitivo dos indivíduos, em geral, dá ao educador unicamente a possibilidade de compreender o que se encontra psicologicamente acompanhando o desenvolvimento cognitivo. A compreensão de processos psicológicos de desenvolvimento pode ajudar o educador a compreender que funções psíquicas estão sendo mobilizadas em um determinado estágio ou situação de aprendizagem. Além disso, ele pode verificar onde é possível que alguns desses recursos psicofísicos ou dessas funções do indivíduo podem estar padecendo de alguma deficiência, ou podem não estar suficientemente maduras para determinada aprendizagem. Também pode o educador ser ajudado pela compreensão dos processos psicológicos quando alguma função psíquica ainda não está mobilizada por algum motivo.

Porém, não compete ao educador ter a pretensão de identificar de maneira apressada a causa de dificuldades ou "deficiências" que afetam o desenvolvimento da aprendizagem, atribuindo-lhes a sequelas de caráter psicofísico; muito menos compete ao educador o estabelecimento de qualquer diagnóstico psicofísico do

---

[7] *A respeito da relação crítica entre Pedagogia e Psicologia, cf. os importantes trabalhos de Maurice Merleau-Ponty e Lev Semenovich Vigotski, recentemente publicados no Brasil: Maurice MERLEAU-PONTY,* Psicologia e Pedagogia da criança. *Trad. Ivone C. Benedetti, São Paulo: Martins Fontes, 2006; Lev Semenovich VIGOTSKI,* Psicologia e Pedagogia, *São Paulo: Martins fontes, 2006.*

indivíduo. É ainda mais absurdo que o educador impeça o indivíduo de superar qualquer de suas limitações, por tachá-lo definitivamente de incapaz, com base em qualquer tipo de teoria psicológica mal aplicada. *Compete ao educador se valer de métodos que lhe são acessíveis para tentar levar o indivíduo à aprendizagem que lhe convém desenvolver*; e, tendo esgotado essas possibilidades, cabe-lhe buscar o caminho de diálogo, da interdisciplinaridade e da cooperação científico-profissional.

3 A consciência pedagógica em um país de exclusão e injustiça social

Além disso, há que se levar em conta, que as teorias psicológicas do desenvolvimento cognitivo, em geral, estudam o processo de desenvolvimento da aprendizagem de forma padronizada. Dessa forma procuram estabelecer uma teoria do desenvolvimento cognitivo em um plano universal para qualquer indivíduo, em situações que possam cumprir os requisitos suficientes para que o processo de desenvolvimento possa se dar regularmente segundo as fases e estágios identificados.

Nesse sentido, cabe ao educador levar em conta que os sistemas filosóficos e científicos desenvolvidos especialmente na Europa ou nos Estados Unidos nem sempre levam em conta a situação de exclusão e injustiça social em que vivem os países do sul do mundo. Sabemos como no nosso país, por exemplo, não é comum nas famílias o desenvolvimento da cultura letrada, não somente pelo que poderíamos julgar "falta de interesse", mas, acima de tudo, por *falta de acesso*. Tal situação exige de nós redobrar os esforços e não olhar somente a questão do desenvolvimento cognitivo do ponto de vista psicológico, mas, também, do ponto de vista político, social, econômico e cultural[8].

---

[8] *Nesse sentido faz-se importante conferir a análise que Jaime Zorzi apresenta no início de seu livro intitulado* Aprendizagem e distúrbios da linguagem escrita, *Porto Alegre: Artmed, 2003.*

Capítulo 2 - Ensaio de superação do determinismo psicofísico na compreensão do desenvolvimento...

Posto isso, deve-se considerar a relevância de um trabalho como o de Paulo Freire, por exemplo. A multiplicação dos esforços para a erradicação do analfabetismo adulto, o fomento de uma cultura letrada, a construção de uma política de acesso educacional e literário, além da conscientização da dimensão ética dialógica[9], presentes na relação ensino-aprendizagem, são de grande importância para a prática educativa que se defronta com a questão do desenvolvimento cognitivo.

4 A necessidade de uma cooperação e avaliação interdisciplinar nos casos críticos de aprendizagem

Tomando por base a situação acima descrita, decorre a urgente necessidade do conhecimento interdisciplinar criterioso e de uma constante cooperação e avaliação interdisciplinar em equipe das situações e processos de aprendizagem de grupos e indivíduos. Não falo aqui do modismo presente em muitas escolas, como bem lembrou-me o Prof. Leandro Diniz, que se arrogam de estar trabalhando interdisciplinarmente pelo simples fato de distribuir tarefas de um projeto que não foi pensado pelo conjunto de uma equipe de profissionais, mas apenas por dirigentes de uma instituição, que leva cada um apenas a fazer a sua parte, sem ter noção do conjunto. É preciso que o grupo de profissionais de uma escola ou daqueles envolvidos no sistema educacional local tenha em vista em conjunto as singularidades de uma realidade educacional, e apontem em conjunto o modo como podem desenvolver um projeto-resposta às demandas locais.

Uma pedagogia que pretenda cooperar para uma integração educacional nos países latino-americanos necessita mobilizar esforços de integração, antes de mais nada, científica! Essa integração deve começar em cada educador, tornando-se também um interesse escolar governamental.

---

[9]*Cf. Paulo Freire*, Pedagogia da autonomia; *saberes necessários à prática educativa, 12. ed. Rio de Janeiro: Paz e Terra, 1999, p. 127-128: tópico "Ensinar exige saber escutar".*

Ao educador compete antes de tudo formar-se! De início, fazer o que na linguagem fenomenológica do filósofo Edmund Husserl era considerado *epoquê* (suspensão) dos preconceitos científicos, isto é, suspender os juízos pré-estabelecidos, especialmente aqueles que nos conduzem a uma visão extremamente determinista do ser humano e do mundo. Então, faz-se necessário abrir-se ao trabalho dos diversos campos do conhecimento científico sem absolutizá-los e tentar fugir do esquema de fragmentação da mania da "especialistocracia", por meio da qual só posso dar conta de conhecer e compreender o que diz respeito único e exclusivamente à minha limitada área de conhecimento. Depois, convém ter clareza dos pressupostos e dos limites de sua própria ciência e das demais que estuda, e partir, por fim, para a tarefa de conhecimento e diálogo concreto com as tantas outras disciplinas do saber humano que me podem favorecer extremamente na minha prática educativa.

Na escola, apesar do fato de que o sistema muitas vezes cria condições para que dediquemo-nos solitariamente ao nosso trabalho profissional, torna-se cada vez mais desejável que não trabalhemos sozinhos! Mesmo que trabalhando sozinhos possamos alcançar bons resultados, o trabalho em equipe que abranja diversas áreas do conhecimento é o que melhor pode dar conta da diversidade de problemas e dificuldades que encontramos hoje no campo do desenvolvimento cognitivo. Seria extremamente necessário contar com uma boa equipe de professores, pedagogos, psicólogos, médicos (fonoaudiólogos, pediatras, psiquiatras ou psicanalistas) psicopedagogos e mesmo filósofos, que pudesse desenvolver ainda uma relação política eficaz com os supervisores e coordenadores de ensino, diretores, secretários de educação e governantes, com vistas a uma contínua avaliação dos recursos utilizados na nossa prática educativa, e das necessidades e desafios que temos a suprir e enfrentar. Isso se faz ainda mais premente se pensarmos nos casos de "déficit" no desenvolvimento cognitivo de tantos formandos, para os quais temos que buscar saídas adequadas, e não relegá-los à exclusão social.

Também não podemos abandoná-los à mediocridade de nossas organizações que podem, muitas vezes, estar repletas de maus profissionais.

Conclusão

Deve-se estar consciente de que tomamos uma questão bastante abrangente para a reflexão, mas apenas com o intuito de colocá-la em discussão. A questão do desenvolvimento cognitivo na aprendizagem escolar, considerada em uma reflexão filosófico-pedagógica, exige de nós mais do que a simples tomada de conhecimento do modo como se constituem os processos psicológicos de desenvolvimento cognitivo e das funções e recursos que devem ser mobilizados para que ele ocorra com êxito.

Tal reflexão deve levar em conta os desafios práticos que tal processo de desenvolvimento nos impõe e nos impelir para um caminho de cooperação interdisciplinar em equipe, que poderá, com certeza, qualificar ainda mais o tratamento da questão. Aqui tivemos apenas uma visão abrangente do horizonte por onde esse caminho nos conduz. Passos concretos a serem dados, a maneira como devem ser dados, bem como os problemas que podem ser encontrados são questões que exigem maior discussão e aprofundamento.

Bibliografia

ARISTÓTELES. *Metafísica*. Trad. V. G. Yebra. 2. ed. Madrid: Gredos, 1998.

FREIRE, P. *Pedagogia da autonomia*: saberes necessários à prática educativa. 12. ed. Rio de Janeiro: Paz e Terra, 1999.

HEIDEGGER, M. *Phänomenologische interpretationem ausgewählter abhandlungen des Aristoteles zur ontologie und logik. Gesamtausgabe II.* Abteilung: Vorlesungen 1919-1944, vol. 62. Frankfurt AM Main: Vittorio Klostermann, 2005.

DILTHEY, W. *Der Aufbau der geschichtlichen welt in den geisteswissenschaften.*5. ed. Frankfurt am Main: Suhrkamp, 1997.

HUSSERL, E. *Ideias para uma fenomenologia pura e uma filosofia fenomenológica:* introdução geral à fenomenologia pura.Trad. M. S. Aparecida-SP: Ideias & Letras, 2006.

MERLEAU-PONTY, M. *Psicologia e pedagogia da criança.* Trad. I. C. Benedetti. São Paulo: Martins Fontes, 2006.

SCHELER, M. *A posição do homem no cosmo.* Trad. M. A. C. Rio de Janeiro: Forense Universitária, 2003.
STEIN, E. *Beiträge zur philosophischen begründung der psychologie und der geisteswissenschaft:* eine untersuchung über den Staat. 2. ed. Tübingen: Max Niemeyer, 1970.

VIGOTSKI, L. S. *Psicologia e pedagogia.* São Paulo: Martins fontes, 2006.

ZORZI, J. *Aprendizagem e distúrbios da linguagem escrita.* Porto Alegre: Artmed, 2003.

Capítulo 3

Educar: Uma prática indispensável[1]

José João Neves Barbosa Vicente[2]

A análise histórica dos homens, desde os primeiros tempos até o presente, e desde os modos de vida mais primitivos e simples até os mais complexos, revela um fato importante: sempre houve certo interesse pela educação, onde quer que eles tenham vivido agrupados. Percebe-se, também, que à medida que o agrupamento se tornava mais complexo, aumentava esse interesse e criavam-se instituições encarregadas do ensino. Nasceram, assim, as escolas e desenvolveu-se o sistema educacional.

Com o tempo, filósofos começaram a dedicar considerável atenção à educação. Queriam saber o que se devia ensinar aos mais jovens e como fazê-lo. Refletiram, basicamente, sobre a relação da educação com a vida do grupo, sua importância e necessidade bem como sobre as questões dos objetivos e métodos de ensino.

---

[1] *Esse texto, adaptado para figurar como capítulo deste livro, foi anteriormente aceito para publicação pela* Saberes: Revista Interdisciplinar de Filosofia e Educação, *publicada pela Universidade Federal do Rio Grande do Norte.*

[2] *Professor de Filosofia do Centro de Formação de Professores (CFP) da Universidade Federal do Recôncavo da Bahia (UFRB), membro do Colegiado do Curso de Filosofia, membro do Grupo de Pesquisa "Núcleo de Pesquisa Filosófica: Educação, Epistemologia e Política", membro do Comitê de Ética em Pesquisa (UFRB) e editor da* Griot - Revista de Filosofia. *É autor dos seguintes livros:* O mal do século. *Goiânia: Ed. Vieira, 2009;* Reflexões e posicionamentos. *Goiânia: Ed. Vieira, 2009 e coorganizador do livro* A história escrita: possibilidades de construção da pesquisa historiográfica. *Goiânia: Ed. Vieira, 2009.*

Assim, quando o filósofo desenvolvia seu pensamento, via-se frente ao problema de como fazer com que os outros o aceitassem. A resposta era sempre esta: "Através do ensino". Hoje, essa velha e indispensável prática humana, a de educar, parece mais uma prática totalitária. Basicamente, transformou-se em uma atividade burocrática evertical, que tem como pano de fundo o dogmatismo, a autoridade, o modelo e a meta, esquecendo-se, assim, da sua função básica que é permitir a cada ser humano cumprir, tanto quanto possível, sua tarefa de homem.

A educação, querendo ou não, é algo total, radical, vital e, como afirmou Whitehead (1967, p. 02), "profundo". Não é um assunto exclusivo da pedagogia, da psicologia da criança e, muito menos, uma prática que tem como meta, simplesmente, desenvolver uma habilidade ou um saber. Ela engloba uma discussão essencial de tudo quanto acreditamos poder e saber. Assim, refletir sobre o seu fim, ou seja, sobre o motivo pelo qual educamos, é uma questão necessária. Kant ensinou que só é possível ser homem pela educação.

Anterior à toda "instrução" existe um núcleo primitivo, a família, amplamente estudado por Platão (1991; 1995) e Aristóteles (1966; 1985), no qual educar significa atingir os hábitos, as emoções e as afeições primeiras do indivíduo. Ou seja, essencialmente, o papel da primeiríssima educação é formar a criança, com "meios estéticos", para amar o bem e odiar o mal.

Hoje, a família convive com grandes restrições (no tamanho, nas funções e na autoridade), mas conserva suas principais funções em matéria de criança: protegê-las e educá-las. Ou seja, mesmo controlada e contestada, a autoridade dos pais sobre os filhos é ainda infinitamente mais real do que aquela que um Hitler ou um Stalin, poderiam sonhar exercer sobre os seus súditos.

Parece evidente, ainda, que é por meio dos pais que os filhos vivem e escapam da morte. Os pais não só podem proibir este ou aquele comportamento dos filhos, como podem, também, afeiçoá-los nos pensamentos e nos sentimentos mais íntimos e mais duráveis. Em poucas palavras, o poder dos pais (pessoas que podem ser brutais, sádicas, neuróticas ou, simplesmente, sujeitos quaisquer) continua o mais "absoluto" dos poderes.

Ora, por serem os "detentores" desses "poderes", os pais acreditam, também, serem os mais indicados para determinar o destino dos filhos. Afinal, para muitos, "ter" filhos significa, essencialmente, direito de "propriedade". A "posse" de um ser humano. Assim, a família desconfia de toda inovação, de todo não conformismo, de todo pensamento e de toda revolta. Ela se fecha e se transforma em uma pequena sociedade essencialmente conservadora. Na família, portanto, ensina Piaget (1957, p.150-152), a criança aprende uma moral de coerção e de submissão a uma regra, tanto mais sagrada quanto menos compreendida.

A família tende a fazer da criança um eterno "menor". Os braços dos pais, juntamente com a vontade de proteger, de não causar sofrimento, são, também, grades e freios para toda tentativa de crescimento interior, de emancipação e de superação dos filhos. Os pais têm dificuldade em admitir que a criança de ontem se torne, subitamente "outro ser", com seus segredos, suas ideias, suas revoltas. A família protege sufocando; educa imobilizando. A autoridade familiar, modelo e substância de todas as outras, sem deixar de ser a mais irracional das coerções, tende, portanto, a entravar o livre desenvolvimento do indivíduo.

Mesmo assim, é preciso entender, que o papel educador da família, centrado na criança, está cada vez mais acentuado, como observou Áries (1960, p. 414). Pois, existem funções em que a família é praticamente insubstituível: a formação dos sentimentos. Pense em uma criança privada dos pais. Todo o crescimento normal exige afeição, um papel que a família exerce não com o ensinar, mas contentando-se com o existir. Isso é, "amar". A família educa "amando" e, sejam quais forem seus conflitos, seus erros e suas faltas, o essencial é que "o coração lá esteja". Isso, no entanto, não impede que os filhos sejam, também, educadores de seus pais.

Ora, parece que a educação familiar, para minimizar o seu caráter "sufocante", precisa de um contrapeso. Hoje, a escola desempenha esse papel. Escola e família se apresentam como duas instituições com funções opostas, porém complementares. Pode-se afirmar que a educação familiar desenvolve no indivíduo os sentimentos e a educação escolar desenvolve no indivíduo o entendimento.

Nesse sentido, não é aconselhável que o os pais ensinem os filhos e nem que os educadores amem seus educandos. Não podemos admitir, hoje, uma pedagogia fundada nesse tipo de amor que "prefere" (um educador se deve a todos os educandos, igualmente) ou que "exige" em troca (um educador é indigno de educar se não respeitar a primeira dignidade do educando, que é dispor dos próprios sentimentos).

Para que a escola desempenhe o seu papel de contrapeso, é preciso entender e distinguir as várias formas de instruções. Uma delas, o adestramento, técnica aplicada à domesticação dos animais, mediante ameaça ou recompensa, estendida aos seres humanos, precisa desaparecer das escolas. Afinal, adestrar, não significa desenvolver. Significa adquirir uma conduta útil e dócil ao dono ou responsável, e não um desenvolvimento próprio.

Os processos do adestramento, explicados por Pavlov em sua teoria do *reflexo condicionado*, consistem, absolutamente, na transferência mecânica e passiva da energia espontânea para um objeto artificial, sem significação própria para o indivíduo, o qual adquire, assim, comportamento rígido, não suscetível de adaptação. Desse modo, tanto pelo propósito como pelo resultado, o adestramento é "inteiramente o contrário da educação" (HUBERT, 1961, p. 54).

Se o adestramento tem como proposta, levar o adestrado a adquirir uma conduta útil e dócil ao dono, a aprendizagem, o fato de adquirir uma habilidade, como nadar, escrever, dançar... baseada na lei dos "ensaios-e-erros", parte da iniciativa, da motivação interna do indivíduo para aprender. Ela é fundamentalmente ativa e eficaz, por isso é que se recomenda que não se deve, por exemplo, ensinar uma criança a escrever, segurando-lhe a mão. Ela precisa correr o risco. E o educador não deve eliminar essa parte de tateio, canhestrice e inquietação, o drama de toda aprendizagem.

Afinal, ninguém aprende a nadar, por exemplo, enquanto não se jogar na água. É importante lembrar sempre, que existe um abismo entre saber e saber-fazer, que só os ensaios-e-erros podem preencher. Aprendizagem dá uma técnica, uma habilidade profissional artística, esportiva... mas a habilidade é da ordem dos meios, pode servir a qualquer fim. A arte do serralheiro, por exemplo, pode ser também útil ao arrombador. Portanto, aprendizagem é diferente do adestramento e, também, diferente da iniciação. Essa, como o nome indica, consiste em "fazer entrar" o indivíduo em uma determinada comunidade (religiosa, secreta... revelando-lhe os ritos, as tradições e os mitos) da qual não lhe cabe discutir o valor. É um "sofrimento" que exprime o sacrifício de si mesmo, condição de integração.

Outra forma de instrução é o ensino. Certamente, seu propósito não é formar técnico, cidadão, crente... mas homem.Formar "técnicos", "profissionais", "cidadãos", "crentes"...significa, no fundo, formar eternos servidores da "classe dirigente" e não pensadores. Quando os governantes e os donos das "Instituições de Ensino" exaltam o "ensino técnico", por exemplo, sempre fico a perguntar, de mim para mim mesmo, se desejam isso para eles e para os filhos. É preciso estar atento para que os fins específicos do ensino não sejam encobertos pelos interesses imediatos do Estado, da sociedade e das "Instituições de Ensino".

Ensinar não significa integrar o sujeito nesta ou naquela comunidade nacional, profissional ou religiosa, mas fazê-lo entrar na comunidade humana, transcendente às épocas e às fronteiras. O seu conteúdo é o saber, que não é nem um saber-fazer, nem uma crença, mas compreender. Algo cujo caráter essencial é a reversibilidade. Pois, só quem compreende um itinerário é capaz de fazer a volta tanto quanto a ida. Isso não é um hábito e nem um saber de cor, é um compreender o que se sabe, para escapar de toda ordem temporal. Compreendemos um raciocínio quando podemos percorrer, nos dois sentidos, suas longas cadeias de razões, um texto quando lhe alcançamos a estrutura e a finalidade. O sujeito só poderá conhecer e agir se começar primeiro a aprender a pensar, a fim de conseguir progressivamente pensar naquilo que aprende.

Como afirmei anteriormente, só se ensina quando se tem em vista o homem e não o técnico, o profissional, o cidadão, o crente... ou seja, o sujeito a ser ensinado, não é uma condição para a materialização futura da vontade ou do "pensamento" do seu educador ou da instituição a que "pertence". Assim, no ensino, não há necessidade de se cultivar a ideia de uma autoridade (entendida não apenas como o poder de fazer-se obedecer, mas o fato de dar-se esse poder, por legítimo, seja que a pessoa que o exerça o detenha em função de papel, tarefa, ou missão por cumprir, seja que o deva à sua superioridade, à sua ascendência, a seu prestígio) que faz, da educação, uma relação vertical.

Existem teorias que, infelizmente, insistem em justificar a autoridade, minimizando o seu impacto pela "intenção" que a anima, e a fundam na "abnegação e no domínio de si, ou na caridade", como Laberthonnière (1935, p. 48), mas não passam no teste. Em última análise, o que se percebe, é que o próprio fim ou o sentido da educação é contradito pelos meios empregados para alcançá-lo.

O indivíduo a ser educado deve ser entendido em sua própria virtude. A escola não deve ser concebida como se fosse uma fábrica, pois a arte de educar, só por destruição, significará fabricar homens segundo modelo comum. Porém, enquanto isso não acontecer, ela permanecerá em sua forma mais simples e primitiva, que é liberar, em cada indivíduo, aquilo que o impede de ser ele mesmo, permitir-lhe realizar-se segundo seu gênio singular.

Só é possível ser homem pela educação, como bem ensinou Kant, mas é preciso uma educação para o homem, afinal como ensinou ainda Kant, o homem não é, e nunca deve ser concebido como um meio, mas sempre como um fim. Portanto, aquele que educa deve respeitar a forma imanente de cada educando, permitindo a cada um encontrar seu estilo e ser ele mesmo, para além das normas prontas e acabadas e dos lugares-comuns. Ser capaz de assimilar o que cada cultura ofereça de verdadeiramente humano e recusar a educação que propõe limites e bloqueia o sujeito. Como ensinou Dewey (1966, p. 100), a educação deve "permitir, a cada indivíduo, jamais cessar sua educação".

Em nenhum processo educacional, o indivíduo é uma *tábula rasa* sobre a qual o educador tudo pode, e se apresenta como um engenheiro que vai trabalhar a matéria inerte. O educador não é, também, em nenhum processo educacional, como ensinou Rousseau (1951, p. 393), o"ministro da natureza", com a missão de "impedir o homem social de ser inteiramente artificial". O indivíduo a ser educado é o que é. Pode mudar, "progredir" e, finalmente, aceitar os outros. A mudança ocorre quando ele descobre que o seu "eu", tal como é, é plenamente aceito.

O educador, ensinou Rogers (1968, p. 133), apenas deve "ajudá-lo" a triunfar de suas inibições para que ele possa ser ele mesmo. Assim, em vez de criar conformistas e revoltados, a educação possibilitará o "aparecimento" de criadores em uma época necessitada de criatividade. O educador precisa cultivar o habito de não falar sozinho e não proibir objeções e perguntas. Afinal, ser dogmático é confessar a própria fraqueza; não há necessidade de o educador outorgar aos educandos o direito de palavra, ficando bem entendido que eles podem ter razão com ele, não contra ele.

Quando o educador não admite correr o risco de não ter razão, de admitir outro ponto de vista, de aparecer desgastado pelos hábitos, ele corre o risco de abafar, de extinguir no educando, o pensamento, o gênio. Quem não admite correr o risco de ser ensinado, não deve ensinar. O educador não é aquele que está acima do educando, é aquele que está com o educando.

A pedagogia, não necessariamente na sua origem grega, mas aquela "nascida" no final do século XVII, como educação científica e prática dos educadores, desempenha, hoje, papel importante. Porém, uma técnica, de repente, vira rotina; uma ciência vira dogmatismo. Talvez, por isso, os maiores teóricos da educação raramente foram pedagogos de ofício (Montaigne, Rousseau, Montessori, Dewey), e aqueles que foram pedagogos de ofício, começaram pela revolta contra a pedagogia (Makarenko, Freinet).

De modo geral, como ensinou Hubert (1961, p. 07, 198), essa pedagogia entende que o educador é sempre tentado a encontrar sua "superioridade" na própria "inferioridade" do indivíduo que educa. Assim, ela vira arma, ou seja, o conhecimento dos indivíduos e dos meios de instruí-los é, também, o que permite dominá-los, manejá-los. Como um meio, a pedagogia não é ameaçadora. Seu perigo está em tornar-se a si mesma como fim.

Desse modo, o pedagogo se rebaixa ao nível do anunciante publicitário, unicamente interessado em "vender", sem se interessar, de modo algum, pela qualidade daquilo que vende. Seja clássica, nova ou qualquer outro tipo, a pedagogia se rebaixa a uma técnica de adestramento ou de publicidade, tornando-se dogmática, autoritária e nociva, quando não respeita o indivíduo incondicionalmente.

Refletir sobre a arte de educar é, portanto, necessariamente, refletir, também, sobre a educação escolar e, consequentemente, a relação dessa com a política, sem esquecer, no entanto, a distinção fundamental entre escola e sociedade. A primeira constatação é um tema antigo que hoje se transformou em um assunto impossível de ser ignorada quando se reflete sobre a "educação" escolar.

Essa educação, no fundo, sempre depende de uma opção política. A própria "prática pedagógica", muitas vezes, parafraseando Clausewitz (1980),não passa de prática "política", por outros meios que acabam por sufocar a escola, transformando o seu ambiente em um local de dogmáticos e autoritários, cujo lema é "ensinar" rapidamente o máximo de coisas, ignorando brutalmente as necessidades naturais da infância como ensinou, por exemplo, Bataillon (1969), originando um grau de aprendizagem próximo de zero que provoca, por sua vez, desinteresse e abandono.

A escola, principalmente a pública, foi a grande esperança do século XIX; o mundo viu nela o motor por excelência do progresso, da igualdade e da libertação humana: "Uma escola que se abre é uma prisão que se fecha", disse Victor Hugo (1951) maravilhado. Ora, o grande sonho do século XIX se transformou em nossos dias em uma grande prisão. O ensino é uma imensa balbúrdia, onde crianças são mutiladas no entusiasmo, no impulso e no orgulho de apreender e de criar.

O livro *Rebâtir l'ecole* (1969) dos autores Bataillon, Berge e Walter ensina que o problema é "pedagógico" e se resume basicamente em três pontos: burocracia, dogmatismo de certos "mestres" e uso de métodos ineficazes. A "pedagogia" mencionada pelos autores é uma opção "política". Por isso, querer separar a "política" da reflexão sobre a educação é uma tarefa fadada ao fracasso.

Vivemos sob uma maldição ideológica chamada de "capitalismo" que oprime e seleciona. A educação, infelizmente, segue, necessariamente, tal maldição. Ela perpetua a injustiça mediante seleção impiedosa que, no fundo, favorece aqueles que a "cultura familiar" prepara para "vencer" em um sistema de exame e de concursos: os filhos da "burguesia". Se por acaso, algum dentre os "filhos do povo" vencer, a despeito de todas as barreiras, isso não nega o "sistema", mas o confirma: como ensinou Bourdieu (1964), compreende-se, então, porque tão fraca porcentagem de "filhos de operários e de camponeses" chega à Universidade.

Em sua essência, a educação é uma "educação de classe". A "sociedade", como ensinou Dewey (1966), a partir da leitura de Aristóteles (1966; 1985), repousa no modelo da "dupla cultura": uma formação servil que adestra as "classes laboriosas" para tarefas "fragmentárias e ingratas", as quais não permitem nem realização, nem expressão de uma "cultura de luxo" que dá acesso aos tesouros da "civilização", porém falseia a inteligência preparando-a para controlar e governar os homens sem jamais "manipular as coisas".

Essa divisão da "sociedade" em classes proporciona, necessariamente, a oposição entre "formação técnica" e "cultura liberal", entre "trabalho e lazer", "prática e teoria", "matéria e espírito". Ora, a educação permanecerá alienada e alienante enquanto a sociedade não realizar ou permitir a participação ativa e definitiva de todos no destino coletivo. Em uma sociedade na qual impera a exploração do homem pelo homem a educação não passa de instrumento de submissão. A família, pela *imago* do pai, sedimenta, no homem, a necessidade de obediência e de dependência; a educação reforça a repressão pela disciplina hierárquica, pela coação do saber, o qual nunca é mais que o conjunto dos modelos e das normas da sociedade bem instalada na vida, o instrumento do poder. Desse modo, a pedagogia é sempre manipulação, a educação, sempre produtora de heteronomia.

Contestações existem, mas não são eficazes. Uma corrente toma por tarefa tornar manifestas as contradições da "sociedade capitalista" nas contradições de seu ensino. Outra corrente dá realce à educação contínua. Ou seja, ao invés de encerrar a juventude em um gueto escolar, cumpre pô-la no trabalho assim que possível, e criar, em compensação, para todos os adultos, estágios de aperfeiçoamento e de reciclagem. Nesse nível, o ensino responderá a uma demanda real e a uma experiência vivida. A hierarquia da educação dará lugar a uma comunidade em que a educação será permuta e progresso.

Uma terceira corrente utiliza a não diretividade de Rogers (1961), mas o próprio Rogers, longe de colocar em discussão as estruturas sociais, tenta adaptar os indivíduos a elas. Como disse Lapassade (1963, p. 24), ele "psicologiza a política em lugar de politizar a psicologia". O problema da educação só se resolve de dentro para fora. Ou quem sabe, agravá-lo voluntariamente e fazê-lo estourar para acelerar uma autêntica "revolução educacional". Espero que ninguém confunda "revolução educacional" com a "educação da revolução". Pois, pelo exemplo que temos, a "educação da revolução" não suscitou a "revolução da educação". Ou seja, a decisão de Kruschev de impor, a todos os estudantes, estágios de um, ou dois anos, em uma usina, foi um fracasso total.

Outra coisa, multiplicar escolas e aumentar estatísticas não significa transformar a estrutura essencial da educação. A pedagogia, por exemplo, continua, grosso modo, o que era, com seus programas, suas intimidações, seus estímulos, suas recompensas, seus castigos, seus métodos e sua seleção. Como disse Lebrot (1966, p. 35-77), a maioria se aliena, por assim dizer, na burocracia que não para de ganhar força. Seu imperialismo, infelizmente, se manifesta na educação cujo método tradicional não passa de uma pedagogia burocrática, fundada na angústia e na desconfiança, com seu sistema de exames que é a própria negação do saber, mas fornece à burocracia o tipo de homem de que precisa.

Nas "sociedades primitivas", conforme ensinou Durkheim (1963, p. 154-157), "quase não existem punições". A coerção da infância aparece nas "sociedades em pleno desenvolvimento cultural", como a da "Roma Imperial, ou a da Renascença", onde a necessidade de um "ensino organizado, mas se faz sentir". É que à medida que a "sociedade progride", torna-se "mais complexa", a educação deve ganhar tempo e violentar a natureza para cobrir a distância sempre maior entre a criança e os fins a ela impostos, "o mestre, representante e detentor da cultura", ganha importância crescente e consciência sempre maior de sua "superioridade". Arroga-se, pois, "o poder de castigar" em nome desta "superioridade" e da "necessidade" de violentar a natureza da criança.

Portanto, uma criança índia, ou esquimó, era educada segundo a pedagogia "mais nova": podia caçar, pescar e construir em um mundo em continuidade imediata com suas necessidades de criança. A criança "moderna" tem as mesmas necessidades, mas, infelizmente, vive em um mundo que insiste em "educá-la" não de acordo com a sua natureza, mas segundo as normas de uma "sociedade" industrial e burocrática, em que a imaginação, a iniciativa e a solidariedade praticamente não têm emprego. A educação atrelada ao interesse político capitalista, não passa de qualquer coisa "melhor do que nada"; uma educação que não entende o seu próprio sentido, pois tal preocupação é perda de tempo, mas está apta a se submeter às necessidades do mundo "moderno" que vai na "senda do progresso".

Assim, como disse Rousseau (1951, p.b82), "se a grande regra da educação não é ganhar tempo, mas perder tempo, voltam-se as costas à educação". Quando a "civilização" se distancia da vida da criança, a tendência é preencher o intervalo por meios rápidos, forçados e artificiais mediante uma educação dogmática, autoritária e repressiva.

É fundamental saber o que queremos. Está evidente que ninguém é capaz de tomar decisões sem haver formado, no espírito, o "ideal" pelo qual se quer trabalhar. A criança não é um "adulto em miniatura", ou, como ensinou Maritain (1959), "uma miniatura de intelectual". Por isso, não se deve inculcar-lhe a "ciência e as vontades dos adultos", como pretende a "política capitalista". Ela é um ser que desenvolve a sua própria"lógica", a sua própria "moral" e a sua própria"cultura". Ninguém deve ignorar a verdade "dialética" da infância, cujo ser é um devir e, mais ainda, uma consciência desse devir. É esse impulso humano que leva a criança a "crescer", a buscar, a arriscar e a imitar. Portanto, quem nega esse impulso, nega a única coisa que torna possível a educação.

Illich (1971) não teve paciência. Decretou o fim do monopólio do ensino atribuído no mundo inteiro à escola. Para ele, a escola, a única habilitada a ensinar, sufoca a criatividade individual e destrói as comunidades espontâneas de pessoas que desejariam aprender juntas. Ela exerce nos jovens uma autoridade despótica, contrária à democracia e ao direito das gentes. Assim, longe de formar adultos, infantiliza, para sempre, os que lhe são confiados.

A escola é, ainda, de acordo com Illich, politicamente nociva. Longe de igualar as oportunidades, cria, ou reforça as hierarquias sociais. Por último, diz Illich, a escola pretende em sua sanha pedagógica, fazer o que o próprio Deus não fez: "manipular os outros para conduzi-los à salvação". A desafeição a respeito da escola está em vias de generalizar-se; e o seu desaparecimento se produzirá por si mesmo. Tudo está em saber como substituí-la por uma educação "convivial". Mas será que devemos acompanhar Illich nessa tarefa radical?

A educação escolar, na maioria das vezes, é irritante, caótica e desorientada, mas a moderação ainda é uma virtude. A análise de Illich deve ser entendida como um convite radical para se repensar o papel da educação escolar, iluminar o seu sentido e significado. Entender que a educação não tem objetivo além de si mesma. A escola não deve monopolizar a educação.

Concordo com o autor. A educação se faz, também, fora da classe. Porém, considero escandaloso o banimento da escola, mas é plausível a sua reestruturação. Ela deve entender que a liberdade é o meio e o fim da educação e o pensar, sua atividade por excelência. Portanto, em vez de pretender banir a educação escolar, deve-se banir, para sempre, as estúpidas interferências da política na educação. O mundo não necessita da educação politizada, mas da política educada.

Muitos concordam com a ideia de que a crise da escola é o reflexo da crise das sociedades modernas. Porém, reconhecem, também, que as relações entre escola e sociedade são problemáticas a tal ponto que ultrapassam, inclusive, as relações da escola com os princípios que a fundam como instituição do pensamento. Um problema que, infelizmente, não se resume, simplesmente, em saber o motivo pelo qual o pequeno Sérgio, por exemplo, descarregou uma metralhadora sobre os seus colegas de classe, e, sim, por que os responsáveis institucionais pelo ensino se desinteressam pela finalidade da escola, o que equivale essencialmente a se desinteressar pelo pensamento.

Muitos pedagogos que não viram na escola um lugar onde a criança acede lentamente à sua humanidade submetendo-se a um ensino liberal, mas apenas a um lugar de vida do mesmo modo, por exemplo, que o café, o clube, a praça, o cinema, a sala de jogos ou a quadra esportiva, rejeitaram as instituições escolares. Um exemplo claro de tudo isso está na análise de G. Ferry (1969, p. 33), o qual expõe o "falecimento da escola" ao constatar que nem os políticos, nem os professores, nem os pais dos alunos sabem exatamente por que se ensina, o que se deve ensinar, o que é preciso ser para ensinar.

Tudo isso reflete uma grande confusão. Ou seja, ao longo do século XX, cinco domínios diferentes da existência humana (valores "políticos" da democracia, em seu espaço público; proteção "econômica" da família, em seu espaço privado; necessidades "sociais" da produção, em seu espaço industrial; criação "científica" de conhecimento, em seu espaço teórico; exigência "ética" de educação, em seu espaço prático) analisados por Mattéi (1999), foram confundidos. Essas confusões resumem-se à confusão essencial entre Escola e Sociedade que consiste em fazer da escola uma sociedade efêmera, livre da preocupação com os "interesses pedagógicos", e não em fazer da sociedade uma escola permanente, invertendo o que Bachelard (1938, p. 252) chamava "os interesses sociais".

A partir do instante em que a sociedade só se preocupa consigo mesma, reduzindo toda a humanidade do homem à sua vida social, ela está impossibilitada de ter qualquer interesse por aquilo que não diz respeito ao social, a saber, o ensino e o pensamento, cujo lugar natural é a escola. O social, como social, vive o dia a dia para produzir sociabilidade. Não tem tempo para se consagrar ao pensamento. A escola, como escola, vive o diaadia para pensar humanidade. Não tem tempo para se consagrar à produção da sociabilidade.

Seja ela burguesa, conservadora, capitalista ou elitista, a crítica da escola tradicional da qual Illich (1971) pediu a "morte", não representa uma análise da escola em termos filosóficos, mas em termos políticos, sociais ou econômicos. Acusa-se a escola de impor suas normas à sociedade, a partir de uma escolarização que é interpretada em termos de socialização, esquecendo-se de que a escolarização é uma humanização e impõem-se, de fato, à escola as normas da sociedade, quer sejam normas políticas (a democracia), econômicas (a produtividade) quer sejam sociais (a igualdade). Desse ponto de vista, é claro que a escola não poderá nunca satisfazer essas normas alheias que contradizem sua vocação universal de humanização e, consequentemente, suas normas especificas de pensamento.

As teses sobre as desigualdades na escola e sobre a cultura escolar como "cultura da classe cultivada" defendidas com todo o vigor por Bourdieu e Passeron (1964, p. 114, 103; 1970, p. 253), repousam, também, sobre a confusão entre escola e sociedade. Censuraram na escola sua "cegueira às desigualdades sociais", sem tomar consciência de sua própria cegueira social em relação à finalidade da escola. Com um apelo sedutor a uma "pedagogia realmente racional", consideraram a escola um espaço de ensino democrático que tem como meta, permitir ao maior número possível de indivíduos apoderar-se, no menor tempo possível, do maior número possível de aptidões que constituem a "cultura" escolar em um momento dado.

A escola passa a ser o lugar onde não o aluno, mas uma multidão de "indivíduos" deve não aprender, mas "apoderar-se" dos saberes identificados, não se sabe como, com "aptidões" reveladas por uma pedagogia "realmente racional" repousadas sobre um sistema complexo de procedimentos abstratos. Ora, como "educar", nesse sistema, uma criança ou "democratizar" um aluno considerado desde o início, um receptor de informações submetido à imposição de uma arbitrariedade cultural? Ou ainda, como elaborar uma pedagogia que escapasse da ideologia dominante?

Infelizmente a única resposta dos autores a essas indagações é baseada em uma racionalidade instrumental, a qual só conhece a linguagem econômica da produtividade. Por mais que esse projeto tenha um sentido, na sua essência ele faz do professor um "emissor" com a missão de fazer evoluir os "receptores" que são os alunos, seja levando-os ao nível dos "conhecimentos" almejados por meio de um esforço "pedagógico" seja baixando o nível do "ensino" para se colocar ao alcance do "aluno".

Esses procedimentos estão "condenados" a cobrir a questão "política" essencial de saber se deve-se pensar a educação em termos de "escolarização de massa", confundindo escolarização e socialização.Escolarizar todas as crianças é diferente da escolarização "em massa", pois a criança não depende desse conceito físico. A pretexto de socialização, considerar os alunos cidadãos iguais é anunciar a desaparição pura e simples da escola. Exige-se da escola que dê um ensino "democrático". Ora, se isso significa que todas as crianças devem ir à escola em estabelecimentos de ensino fundados sobre instituições políticas democráticas, quer dizer que a escola é democrática.

Porém, desejar que todos os alunos recebam a mesma formação e obter os mesmos resultados, sem considerar, *in abstracto,* seus gostos, suas capacidades e seus "sucessos", a escola não é e jamais será democrática.Admitindo, por fim,que a escola esteja submetida à ideologia dominante, como seus detratores conseguiram escapar da sua influência e utilizar os instrumentos e os conhecimentos fornecidos por essa instituição para contestar-lhe a legitimidade?

A mesma contradição anula as críticas de um discurso de poder que utiliza, para fundar sua crítica, o poder do discurso. Se, com efeito, de acordo com Barthes (1977, p. 09, 10), coloquemos como princípio que "a língua é uma reação generalizada", ou seja, uma forma social de opressão, o que se censura precisamente na escola em ensino da língua e se, para dizê-lo recorrendo novamente a Barthes, mas de forma contundente, "a língua, como performance de toda linguagem, não é nem reacionária nem progressista; ela é muito simplesmente: fascista", não resta aos críticos da língua nem aos da escola, se não pretendem passar por fascistas a seus próprios olhos, senão ficar em silencio. Como disse Wittgenstein (2001, p. 281): "Sobre aquilo de que não se pode falar, deve-se calar".

No século, XIX Nietzsche (1972, p. 23, 89) já havia denunciado os liceus clássicos e as universidades tradicionais que desertaram de sua própria cultura, devido à submissão da educação à nova "questão social". Procurou-se desenvolver uma cultura universal ampliando seu campo para todos os assuntos e todas as práticas; todavia, em vez de fundar a educação do homem em um modelo ideal, fez-se do indivíduo um homem tão comum quanto possível. Em sua essência, a educação só pode engendrar uma relação conflituosa com a vida social que, à falta de compreendê-la, tende a rejeitá-la. Daí, como demonstrou Nietzsche, a oposição entre a cultura, ligada à vida do espírito, e a miséria de viver, submetida às condições sociais.

A "personalidade" da criança formada pela educação provém ao mesmo tempo da dimensão temporal e social, que deve ser levada em conta, e da vocação eterna e espiritual que deve ser respeitada. Assim, Schiller (1992, *IX Carta*), por exemplo, está certo ao afirmar que o homem possui uma disposição eterna para atualizar o infinito do possível, o que no fundo, significa, no começo de cada uma de suas ações, tomar consciência de sua liberdade. Isso o leva a condenar as instituições escolares que, infiéis à sua inspiração humanista, limitaram seus projetos aos valores de integração social.

A educação liberal tradicional se interessava em primeiro lugar com a "alma" dos homens e não com sua condição social ou com sua situação econômica. Abandonando a questão da humanização, que é a questão da liberdade, para se limitar à questão da socialização, que é a da necessidade, "a cultura clássica" como percebeu Strauss (1990, p.100), "considerada o baluarte da civilização... é cada vez mais pervertida...".

Esse movimento de regressão funciona tanto na esfera da educação quanto nas outras esferas. É a renúncia deliberada a reconhecer o homem no homem ou nas suas obras e a participar da expressão continua de sua hominização. Essa última só é possível com a condição de que o homem distinga claramente o que Arendt (1982) chamou"a relação com o mundo" e "a relação com a vida". Ou seja, para dar à criança os meios de sair da intimidade familiar e entrar no mundo público, é preciso que a escola conserve um estatuto intermediário entre o domínio da vida, o lar onde a criança nasce e o mundo onde deverá mais tarde representar seu papel de homem.

Para se entender a especificidade da escola e do pensamento, que se mantém no intermédio, é necessário distinguir dois eixos e quatro polos articulados em torno da escola. Sobre o eixo da vida, os polos opostos da família e da sociedade. Esse eixo liga a vida privada fechada no segredo da intimidade e a vida pública exposta à luz do mundo. Entre as duas está a escola. A escola é identificável com um espaço de vida sobre o eixo da socialização, onde a instituição escolar constitui a mediação entre a instituição familiar, cuja modalidade é a reprodução, e a instituição social, cuja modalidade é a produção.

Tudo isso diz respeito apenas à socialização formal da criança, entendida como sujeito: é nesse plano que funciona o conjunto dos procedimentos sociais, jurídicos e pedagógicos de que depende a escolarização da criança. Sobre o eixo da humanização substancial, o polo da política, que funda a modalidade da ação na cidade, e o polo da ciência, que define a modalidade do conhecimento. A escola não é mais um lugar de vida, mas um lugar de pensamento onde o aluno adquire os conhecimentos necessários para se tornar homem. Entre os dois eixos e os quatros polos, a escola representa o lugar aberto e autônomo em que o pensamento se enraíza.

O homem precisa aprender a pensar para poder conhecer e agir. Desse modo, ele consegue, progressivamente, aprender a pensar aquilo que aprende. E se o fim do conhecimento na ordem da ciência é a verdade, o fim da ação, na ordem da política, é a justiça. De outro ponto de vista, contudo, o homem não pode viver criança na família e trabalhar adulto na sociedade, se não tiver sido formado na esfera da socialização autônoma da escola. Uma vez que a educação consiste acima de tudo em aprender, pode-se dizer que a escola, como lugar de socialização, constitui uma aprendizagem da vida, mas também que a escola, como lugar de hominização, é uma aprendizagem do pensamento.

A vocação da escola não se limita a fazer a mediação entre a família e a sociedade que a condena a ser absorvida no ciclo dos processos vitais. O intermédio da escola, que reproduz na ordem institucional o intermédio do pensamento, preso entre as necessidades do tempo e as exigências da eternidade, não pode dispensar a mediação entre a ação e o conhecimento, a política e a ciência que requerem, mais do que a família ou a sociedade, ser pensadas. Portanto, aqueles que só querem ou só conseguem enxergar na escola um lugar de vida, ou um lugar de violência simbólica, amputam da educação sua dimensão essencial.

De modo geral, é fundamental que a arte de educar caminhe sempre ao encontro da valorização da manifestação da liberdade individual e de todo tipo de ação autônoma dos atores sociais, sem nunca contribuir para devorar a sociedade civil, arrancar o indivíduo de seu meio, local ou religioso, para ser mobilizado ao serviço de uma ideologia "dominante", nem pretender transformar a sociedade em uma multidão de massa dócil à palavra e às ordens de um chefe, mas possibilitar um espaço público onde se debatem as escolhas. Exigir obediência e impor aos outros o que eles devem aprender são práticas educativas que fazem o indivíduo apresentar comportamento semelhante aos "súditos" dos regimes totalitários: funcionam, mas não pensam.

Um exemplo emblemático descrito pela Arendt (1999) pode ser encontrado na pessoa de Eichmann: situar o saber nos métodos formais que se fecham em seus próprios procedimentos.Eichmann tinha conhecimento, convicções, argumentos, em resumo, possuía um discurso que levava a supor a presença de uma vida interior; porém, apesar de não dar mostras de estupidez, suas afirmações revelam "total ausência de pensamento". O criminoso de guerra não parecia monstruoso nem demoníaco e, sim, uma pessoa qualquer; sua vida pessoal talvez não fosse "a de um criminoso", mas era certamente a de um homem incapaz de pensar.

Ele era, contudo, um sujeito, e mesmo, durante seu processo, um sujeito de direito; mas era-lhe impossível tomar consciência de seus atos e pensá-los como maus porque lhe era impossível captá-los sob uma luz diferente da sua, ou seja, foi educado para receber ordens, para funcionar e não para pensar. Se tivesse pensado uma vez, uma única vez, ele teria suspendido, parado talvez essa máquina administrativa de que se orgulhava tanto, composta por engrenagens contínuas de ordens, regras e procedimentos, que fazia dele o elo inconsciente de uma gestão que não tinha outro fim senão a morte.

Deve-se ter sempre o cuidado para que a arte de educar, portanto, não seja reduzida, ainda que reforçada pelo espartilho das ciências humanas, sociais e naturais, a uma pedagogia dos objetivos. Um objetivo é, com efeito, uma capacidade física ou intelectual que não pode ser diretamente observada, uma vez que ele é projetado no futuro, mas que induz no presente comportamento observável e mensurável. Para observar corretamente esse comportamento e dar-lhe uma medida adequada, é preciso decompô-lo e hierarquizá-lo submetendo o ator, nese caso o aluno, a uma série determinada de procedimentos analíticos.

O circulo pedagógico que define os procedimentos por meio de objetivos a atingire os objetivos por meio de procedimentos a utilizar chega, necessariamente, à constituição de um sujeito procedimental privado de qualquer horizonte de significação. Essa prática não passa de espelho embaçado ou de chama morta incapaz de iluminar a alma do aluno. É incapaz de apreciar o pensamento e de enriquecer os conhecimentos do aluno.

O recurso aos novos métodos pedagógicos, invocado insistentemente para se opor ao peso dos conteúdos do ensino, tende, necessariamente, a encerrar o indivíduo em uma instrumentalização psicológica, pedagógica e estatística que apenas conhece as regras internas de seu funcionamento. A apreciação dos objetivos pedagógicos e dos resultados subjetivos dos alunos se reduz cada vez mais a um simples controle da conformidade com os procedimentos implementados e com os objetivos definidos de maneira completamente exterior às condições do ensino; quer dizer, se reduz ao conformismo intelectual e social.

Essa prática, portanto, é limitada, isso para não dizer perigosa. Nesse processo todo, o professor é um emissor que codifica uma mensagem, o aluno um receptor que decodifica a mensagem, os conhecimentos não são um saber dotado de significação substancial e, sim, uma informação ligada a um fluxo máximo transmitido pelo canal de comunicação, e o ensino não é um esforço de pensamento crítico e, sim, uma soma indeterminada de informações de que é preciso apoderar-se.

Isso explica, certamente, o motivo pelo qual o aluno fica mudo, não pensa e não é criativo. Afinal, ele foi reduzido a um sujeito-receptor de informações, definido em termos formais, sem a menor alusão aos conhecimentos reais que ele poderia adquirir, ao espírito crítico que deveria desenvolver ou despertar e ao exercício pessoal de um pensamento que se encontra preso, sob uma avalancha de siglas. Não há escapatória, o próprio de uma função, mesmo qualificada de pedagógica, é funcionar, e o funcionamento nunca pode substituir o pensamento no homem.

Pensar não é "funcionar", ou seja, conduzir sua ação segundo uma série de procedimentos previamente definidos. O tipo de pedagogia mencionado encaixa perfeitamente em uma "não educação". De deriva em deriva e de processos em procedimentos, a pedagogia moderna deixou de julgar o aluno pelo pensamento e deixou de apreciar seus conhecimentos em virtude do domínio sobre eles. Ela estabelece, em um rosário contínuo, "avaliações somativas", "notas", ou "avaliações formativas", "apreciações", que escondem o processo de aprendizagem sem se interessar pelo conteúdo real do ensino e, evidentemente, por aquilo que o aluno sente pensativo perante esses métodos que o submetem ao conformismo pedagógico.

Não se deve aceitar, em nenhuma circunstância, a redução do pensamento do aluno a um funcionamento. Os procedimentos não podem tomar primazia sobre os conhecimentos reais dos alunos e sobre a finalidade ideal da educação. Essa educação funcional, comandada por um jogo de procedimentos sociais, econômicos e políticos que se introduzem na escola, permanece alheia ao tempo próprio do pensamento.

Restringindo-se à esfera pragmática em detrimento da exigência prática da educação, os objetivos da pedagogia procedimental privam de todo fim, e de todo sentido, os alunos que não sabem por que vão à escola e que não têm nenhuma abertura para aquilo que os ultrapassa. É como bem nos lembra Kant, um fim é uma ideia da razão que, pela excelência de sua perfeição, comanda a experiência em vez de submeter-se a ela.

Definir a educação pelos objetivos talvez seja uma atitude pedagogicamente correta, ao menos para as sociedades contemporâneas, as quais fizeram da utilidade um novo deus; nem por isso é uma atitude sensata. A correção é uma qualidade do comportamento que se inscreve nos procedimentos necessários para atingir um determinado objetivo; o sentido nunca é uma questão de procedimento.

Sacrifica-se o sentido da educação submetendo o aluno aos métodos de controle denominados, como no caso de uma carteira de ações, "avaliação" e que os gestionários da pedagogia que persistem em seu ser, isto é, na gestão, estão sempre avaliando o que é a melhor maneira de se gerir a si mesmo.

Avaliar não é educar: é dar um preço ao resultado de um procedimento conforme a utilidade social, medido segundo as exigências dos avaliadores. Quanto às exigências do pensamento, parece-me não dizerem respeito às normas ministeriais.

Bibliografia

ARENDT, H. *Between past and future*. New York: Putman, 1982.

ARENDT, H. *Eichmann em Jerusalém*. São Paulo: Companhia das Letras, 1999.

ARIÈS, P. *L'enfant etla vie familiale sous l'ancien régime*. Paris: Plon, 1960.

ARISTÓTELES. *A política*. São Paulo: Hemus, 1966.

ARISTÓTELES. *Ética a nicômaco*. Brasília: UnB, 1985.

BACHELARD, G. *La formation de l'espirit scientifique*. Paris: Vrin, 1938.

BAITALLON, M; BERGE, A. & WALTER, F. *Rebâtir l'école.* Paris: Payot, 1969.

BARTHES, R. *Leçon inaugurale fait le vendredi 7 janvier 1977 au Collège de France.* Paris: Collège de France, 1977.

BORDIEU, P.; PASSERON, J.-C. *Les héritiers.* Paris: Minuit, 1964.

BORDIEU, P.; PASSERON, J.-C. *La reproduction: eléments pour une théorie du système d'enseignement.* Paris: Minuit, 1970.

CLAUSEWITZ, C. V. *Vom kriege.* Stuttgart: Ernst Klett Verlag, 1980.

DEWEY, J. *Democracyand education.* Toronto: Collier-Macmillan, 1966.

DURKHEIM, E. *L'éducation morale.* Paris: PUF, 1963.

FERRY, G. *Pour une école nouvelle: actes du colloque d'amiens.* Paris: Dunod, 1969.

HUBERT, R. *Traité de pédagogie génerale.* Paris: PUF, 1961.

HUGO, V. *Les misérables.* Paris: Gallimard, 1951.

ILLICH, I. *Une société sans école.* Paris: Seuil, 1971.

LABERTHONNIÈRE, L. *Théorie de l'éducation.* Paris: Vrin, 1935.

LAPASSADE, G. *L'entrée dans l a vie.* Paris: Minit, 1963.

LEBROT, M. *La pédagogie institutionnelle.* Paris: Gauthier-Villars, 1966.

MARITAIN, J. *Pour une philosophie de l'éducation.* Paris: Fayard, 1959.

MATTÉI, J.-F. *La barbárie intérieure.* Paris: PUF, 1999.

NIETZSCHE, F. *Sur l'avenir de nos établissements d'enseignement.* Paris: Gallimard, 1972.

PIAGET, J. *Le jugement moral chez l'enfant.* Paris: PUF, 1957.

PLATÃO. *A república.* Lisboa: Kalouste Gulbenkian, 1991.

PLATÃO. *Leis.* Lisboa: Ed.70, 1995.

ROGERS, C. *On becoming a person.* Boston: Houghton Mifflin, 1961

ROUSSEAU, J-J. *Emile ou de l'éducation.* Paris: Garnier, 1951.

SCHILLER, F. *Lettres sur l'éducation esthétique de l'homme.* Paris: Aubier, 1992.

STRAUSS, L. *Le libéralisme ancien et moderne.* Paris: PUF, 1990.

WHITEHEAD, A. *The aims of education.* Toronto: Collier-Macmillan, 1967.

WITTGENSTEIN, L. *Tractatus logico-philosophicus.* São Paulo: EDUSP, 2001.

Capítulo 4

Três teses sobre a docência[1]

Wilson Correia[2]

Introdução

O fazer e o sofrer a educação formal, em todos seus níveis, parecem colocar para professor e aluno o desafio que é o de entenderem as facetas ética, política e pedagógica da convivência que travam no percurso formativo que realizam.

Vez ou outra esses assuntos emergem e provocam o debate relativo à condição em que um pólo e outro se encontram na relação pedagógica. Os alunos reclamam que os professores se encastelam em suas torres de marfim. Os professores reclamam que os alunos se alienam e não se envolvem com as atividades do aprender que lhe são proporcionadas.

---

[1] *Esse texto, revisado para integrar este livro, foi publicado pela* Revista Espaço Acadêmico. *Maringá: UEM, v. 9, 2009, p. 25-30.*
[2] *Licenciado em Filosofia (PUC-Goiás), com Especialização em Psicopedagogia (UFG) e Mestrado (UFU) e Doutorado em Educação (UNICAMP). Líder do GPEFE – Grupo de Pesquisa e Extensão em Filosofia da Educação. Adjunto em Filosofia da Educação no Centro de Formação de Professores da Universidade Federal do Recôncavo da Bahia. É autor dos livros* Saber ensinar *São Paulo: EPU, 2006,* TCC não é um bicho-de-sete-cabeças *(2009) e* Aprender não é um bicho-de-sete-cabeças *(2010), ambos pela Editora Ciência Moderna, do Rio de Janeiro, entre outros. E-mail: wilfc2002@yahoo.com.br.*

Alguns chegam mesmo a dizer que o fracasso pedagógico deriva do fato de que a docência é mesmo uma profissão impossível, e que o corolário da insistência nela é o justo preço que professores, alunos e a sociedade pagam por intentarem o sucesso em um empreendimento inócuo de antemão.

O debate sobre esse tema, pois, torna-se oportuno. Quem é o professor? Em que medida ele é igual ao aluno? Em que sentido ele se diferencia do estudante? A postura de conceber-se "deus" inatingível por parte do professor, da qual reclamam os estudantes, encontra algum respaldo ético, político e pedagógico?

Como mobilizar concepções básicas sobre a possibilidade da relação epistêmica nas perspectivas ética, política e pedagógica?

Visando a propor entendimentos germinais sobre essas perguntas, o presente capítulo resulta de reflexões baseadas na prática da docência, ao longo de mais de quinze anos, por alguém que entremeou nesse exercício a condição de estudante, essa por mais de duas décadas.

Em outras palavras, pensar a prática, praticar o pensado, mudar uma e outro, quando necessário, e registrar o conhecimento que esse movimento proporciona... essa é a intenção deste trabalho, organizado em torno de breves debates aos quais intitulei *Três Teses Sobre a Docência*, como registro a seguir.

Primeira Tese

A relação ética possível entre professor e aluno desenvolve-se no chão comum do reconhecimento ontoantropológico.

Pensar sobre essa primeira tese requer o entendimento do humano em sua dupla dimensão relacional: aquela que ele estabelece consigo mesmo e aquela que ele vivencia com os semelhantes.

Desde que Platão afirmou, no livro *Defesa de Sócrates* (*apud* TRINDADE, 1993), que a fonte do saber reside no diálogo da alma consigo mesma, estabeleceu-se a cisão intrapessoal, o divórcio entre faceta anímico-espiritual do ser humano e a expressão fenomênico-corporal que ele apresenta.

Só a alma pode ensinar? Só a alma pode aprender? Com a resposta pela afirmativa, a relação do aprendiz com o próprio eu se tornou inviável: o que ele deve fazer com a sua biologicidade? Com o seu ser-corpo? Esse ser empírico, que vive o aqui-agora da existência? Que come, bebe e dorme? Que ama, odeia e passa fome? Esse ser não é legítima fonte epistêmica?

Desprezar o corpo e aquilo que nele pode ser ocasião de apreensão gnosiológica parece ter sido o legado dessa compreensão, que, de certo modo, representa descuido com a vida mesma, essa que pulsa e exige o trabalho do conhecer para ter seus enigmas relativamente significados pelo homem e pela mulher.

Também parece brotar da afirmação da alma como *locus* legítimo ao aprender e ao ensinar a cisão entre o aprendiz e o semelhante que poderia se postar ao lado dele como aquele com quem partilhar o empreendimento epistêmico.

Sim, porque se é a alma que ensina, e se o outro à frente do aprendiz é corpo e sofre as mesmas necessidades que o aluno, como estabelecer a relação anímica aí, se já, em si mesma, essa alma não se reconhece legitimada e adequada porque cindida em relação ao concreto na qual é?

A desqualificação comum já se encontra estabelecida e ela pugna pelo malogro de uma relação que estranha em lugar de reconhecer. Como a alma que ensina pode operar em um corpo que se alheia desse processo, mas que, sem o qual, a alma não pode operar?

Entendida a alma como a detentora de toda economia epistêmica possível, como essa mesma potencialidade pode se expressar, se o corpo, ao menos no âmbito da existencialidade, é ao que de mais palpável e realizável se pode recorrer?

Pode o eu epistêmico cindido estabelecer uma relação de ensino e aprendizagem com outro eu epistêmico também cindido?

No mínimo, então, aquele diálogo da alma consigo mesma não dá conta de abarcar as necessidades epistêmicas de sujeitos concretos, cuja materialidade parece ser já um dos primeiros pontos a merecer o dispêndio daquela economia sapiente de que falamos, mas que se torna impossível por não se estender à integralidade do humano em seu ser e estar no mundo, uma vez que já se decidiu que o que é legítimo é o que diz respeito e expressa o que, no homem e na mulher, identifica-se com o preternatural.

Por essa razão, e nessa perspectiva, o chão comum da relação entre professor e aluno requer o reconhecimento ontoantropológico mútuo, bem como a legitimação da condição humana como aquela que não prescinde do viver concreto, mas que a inclui, a aceita e a adequa como expressão do ser do homem e da mulher no mundo vivido.

Assim, professor e aluno podem criar o mútuo reconhecimento, desde que atentem para o fato de que as ocorrências da existência, tais como o nascer, o adoecer, o morrer, ligados ao lado biológico comum, expressa aquilo que cada um é, e que, de maneira integral, qualifica-lhes a existência.

A não consideração dos valores éticos decorrentes desse reconhecimento pode levar a relação pedagógica a ficar comprometida porque a educabilidade própria e alheia já foi outorgada a outras esferas em que não habitam a fenomenidade mundana, o *ethos* de cada um de nós.

Além disso, sem o reconhecimento de nossa condição humana compartilhada, a relação entre professor e aluno parece carecer, desde a raiz, de assento comum que a legitime e que funcione como condição de sua possibilidade.

Aos deuses, o que é divino; aos humanos, o que é humano; ao processo de ensino-aprendizagem, os valores que nos conformam na existencialidade que nos tem, com toda a complexidade que ela apresenta e nos desafia.

Segunda Tese

A relação política possível entre professor e aluno tem lugar no campo da diferenciação epistêmica.

Com base no entendimento de que a condição humana própria e alheia pressupõe a compreensão do compartilhamento ontoantropológico, a esfera política da relação entre professor e aluno requer que se compreenda o professor como aquele que, no mínimo, é alguém que estuda há mais tempo que o aluno.

Nisso reside a necessidade de se compreender que ensinante e aprendiz são iguais, mas diferentes. Iguais nas diferenças. Só o fato de serem diferentes é que estabelece o ponto de contato, relação e vinculação entre eles: iguais na condição humana, diferentes na condição epistêmica.

Essa segunda tese, de que a relação política possível entre professor e aluno tem lugar no campo da diferenciação epistêmica, inspira-se em uma passagem do *Manifesto*, produzido pelos educadores dos *Círculos de Cultura*, de Porto Alegre, entre os dias 25 e 30 de janeiro de 2001, durante o *Fórum Social Mundial*, os quais, baseados em Paulo Freire, registraram o que segue:

No século que findou, dois projetos de sociedade fracassaram relativamente ao processo civilizatório: um porque privilegiou o eu, eliminando o nós; o outro porque privilegiou o nós, desconsiderando o eu. Neste novo século, confrontam-se dois projetos antagônicos de sociedade: um subordina o social ao econômico e ao império do mercado; outro prioriza o social. Faz-se necessário construir um projeto de sociedade onde o ser humano seja resgatado na sua plenitude de eu e nós, com base na prioridade do social sobre o econômico. Para que este novo mundo seja possível, é necessário que toda a humanidade entenda e aceite a educação transformadora como pré-condição. Esta educação tem como pressupostos o princípio de que ninguém ensina nada a ninguém e que todos aprendem em comunhão, a partir da leitura coletiva do mundo (GADOTTI, 2002).

Em uma leitura apressada desse pressuposto aí, de que "ninguém ensina nada a ninguém", parece-me, tem sido enfatizada essa impossibilidade dos ensinares como pretexto para se operar uma igualização epistêmica rasteira entre mestre e aprendizes. O fato de professor e aluno se encontrarem em condição compartilhada no reconhecimento ontoantropológico da própria humanidade não quer dizer que, epistemicamente falando, o mesmo aconteça no plano das ignorâncias comuns. Como ensinante e aprendiz ignoram coisas diferentes, eles também sabem coisas diferentes, e é exatamente por isso que vale a segunda parte do pressuposto da citação, a de que "todos aprendem em comunhão". Se todos "aprendem em comunhão", é porque, igualmente, todos ensinam a todos em comunhão. Logo, o ensino é possível e todos, e, por consequência lógica dessa tese, ensinam a todos.

Desse modo, a condição de possibilidade para haver qualquer ensino reside na diferenciação epistêmica, nos ignorares e nos saberes diferentes que qualificam a economia epistêmica de aluno e professor. Em outras palavras, não há que estender a igualdade ontoantropológica verificada entre professor e aluno à faceta política diferenciante da relação que eles vivenciam em contextos de ensino e aprendizagem.

É no solo do encontro entre saberes e ignorâncias diferentes que existe a possibilidade de se falar em modelos societários e em estilos existenciais politicamente qualificados, os quais podem avançar em direção à democracia, à justiça, à liberdade e, sobretudo, à igualdade que pode consubstanciar homens e mulheres como seres humanos inteiros, os quais, nessa condição, também podem estabelecer o corpo político e cidadão de uma dada sociedade.

Só nessa perspectiva, imagino, é possível ao professor ensinar o que sabe, tanto quanto aprender o que ignora. De igual modo, só nessa perspectiva é possível se falar em estudante que aprende o que ignora e que ensina o que sabe, inclusive ao professor, sem demérito para um ou para o outro. Novamente, então, é o postulado da legitimação da igualdade na diferença o que torna possível a convivência política entre quem ensina e quem aprende.

Terceira Tese

A relação pedagógica possível entre professor e aluno lastreia-se na igualdade das inteligências.

A maiêutica socrática parece ter estabelecido a desigualdade entre as inteligências, à medida que o professor interrogador se aproximava de seu interlocutor aprendiz tendo sempre uma carta epistêmica na manga, como se o ensinante soubesse algo que o incauto estudante não soubesse, necessitando o mestre exatamente dessa ignorância para legitimar e justificar a sabedoria de que se fazia portador. Aí o "sei que nada sei" valia mais como uma operação de engodo pedagógico, uma falácia que o processo mesmo do diálogo colocava em xeque.

Como a sugerir a superação do *modus operandi* do professor interrogador e do professor explicador, ressaltando a figura do professor instigador da emancipação intelectual, Rancière (2002) advogou a "igualdade das inteligências" como ponto de partida da relação pedagógica. Note que, aí, a igualdade não é colocada como objetivo, meta ou finalidade do processo de ensino-aprendizagem, mas, *a priori*, como a sua condição de possibilidade. A inteligência aí preconizada é entendida como ponto de partida de toda construção epistêmica.

Iguais na inteligência, professor e estudante podem se valer de todos os métodos disponíveis no âmbito da pedagogia, pois, se iguais na inteligência, encontram-se prontos para entenderem o sentido da indagação, da explicação, da dúvida, da exposição, do trabalho por conta própria, das atividades realizadas em grupo, das atividades dirigidas e das não dirigidas. Iguais na inteligência, então não haveria objetivos, conteúdos, procedimentos, avaliações e finalidades educativas que não pudessem ser compreendidas pelos envolvidos nos atos de ensinar e aprender. O que fica vedada é a atitude de usar a dúvida para oprimir, a pergunta para excluir, o saber para aniquilar, posto que, iguais, atos como esses serão circunscritos ao âmbito de um poder discricionário que, de per si, já nega a condição de igualdade. Isso não parece saudável à relação pedagógica possível entre mestre e aprendiz.

Ademais, tomado o pressuposto da igualdade das inteligências como desafio ao empreendimento pedagógico, então é possível dizer que não haveria problema em Sócrates se ele tivesse admitido que era epistemicamente diferente do seu discípulo. Bastava, para que a relação pedagógica pudesse ter um sentido ético, que ele reconhecesse a própria humanidade, fazendo estender esse reconhecimento à condição humana (ontoantropológica) daquele que tinha à frente no papel de estudante. Por fim, se se amparasse na igualdade das inteligências, então não usaria a ignorância alheia para justificar a diferença epistêmica que ostentava diante do discípulo. Nessas condições, a relação pedagógica estaria ética, política e pedagogicamente significada de maneira saudável e produtiva, diferentemente instalada, potencialmente igualizada.

Com isso, Sócrates poderia ter assumido a própria ignorância de maneira que a concebesse como uma ignorância aberta ao ensinamento do outro, coisa que, parece, não aconteceu. Se tivesse tomado esse norte metodológico, pedagogicamente falando, então estaria livre a possibilidade preconizada por Paulo Freire, qual seja, a de que todos aprendem-e-ensinam *com* e *a* todos.

Nos dias atuais, quando a vida humana concreta parece potencializar a complexidade do existir, parece-me oportuno advogar esse entendimento tridimensionado: o do reconhecimento ético da condição humana, o da diferenciação epistêmica na igualdade e o da igualdade das inteligências como condição de possibilidade do que fazer pedagógico a que professor e aluno são chamados nos contextos reais das atividades de ensinar e aprender.

Conclusão

O presente texto, ainda que germinal, cumpre a tarefa do registro da memória docente e o fez pugnando pelo reconhecimento humano como valor ético que, ao lado da diferenciação epistêmica e da igualdade das inteligências, torna possível a relação pedagógica entre professor e aluno.

Trata-se de entender que o professor não é um ser especial, um gênio preternatural, um deus, mas um ser humano que partilha com os seus semelhantes todas as mazelas e as benesses da existência, e que tal reconhecimento pode criar condição de possibilidade para o aprendizado e para o ensino, praticados segundo as diretrizes da mutualidade pedagógica.

Isso, penso, traria à terra a imagem que muitos docentes transmitem de serem eles deuses inatacáveis. Também poderia contribuir para que fosse superada a imagem do estudante sempre ignorante, coitadinho, e que não vive sem depender do professor, em uma carência cultural petrificada e pequenificante.

No fundo, esse entendimento colocaria a discussão sobre o poder docente em outras bases, levando, paralelo a isso, à outra compreensão sobre quem é o estudante, o qual é não o idealizado nas teorias pedagógicas, mas o ser concreto que vive o ser-estar no aqui-agora da existência, a qual ele deseja significar com os conhecimentos que pode adquirir no âmbito da educação formal, e, quando possível, transmiti-los também.

Bibliografia

GADOTTI, M. *Atualidade de Paulo Freire: continuando e reinventando um legado*. Forum Internazionale Paulo Freire: re-inventando um nessaggio, verso il 3. Milão: Centro Sociale Ambrosiano, 25 maggio 2002. Disponívelem:<http://74.125.47.132/search?q=cache:hpt7 GeuqLHAJ:www.paulofreire.org/twiki/pub/Institucional/MoacirGadottiArtigosIt0044/Atualidade_ PF_2002.pdf+ningu%C3%A9m+ensina+nada+a+ningu%C3%A9m+todos+aprendem+com+todos+paulo+freire&hl=pt-BR&ct=clnk&cd=1&gl=br>. Acesso em: 20/02/2009.

RANCIÈRE, J. *O mestre ignorante:* cinco lições sobre emancipação intelectual. Trad. L. do Valle. Belo Horizonte: Autêntica, 2002.

Capítulo 5

A sociedade e a escola: Aforismos (im)pertinentes[1]

Wilson Correia[2]

Introdução

Este trabalho apresenta pensamentos escritos em estilo de aforismo sobre pesquisa, escola, professor, família, aprendizagem, gestão escolar, melhoria da escola, ensino, cuidado, educação familiar e educação escolar e raízes do desamparo atual da juventude brasileira. Como se vê, trata-se do registro de um exercício de pensamento crítico sobre esses temas, os quais podem e devem ser problematizados, tendo em vista o debate sobre como aperfeiçoá-los e, quando for o caso, de auxiliar na busca de soluções práticas para os problemas apontados e que os envolve.

---

[1] *Esse texto, revisado para integrar este livro, foi publicado pela* **Enciclopédia Biosfera**.
[2] *Licenciado em Filosofia (PUC-Goiás), com Especialização em Psicopedagogia (UFG) e Mestrado (UFU) e Doutorado em Educação (UNICAMP). Líder do GPEFE – Grupo de Pesquisa e Extensão em Filosofia da Educação. Adjunto em Filosofia da Educação no Centro de Formação de Professores da Universidade Federal do Recôncavo da Bahia. É autor dos livros* Saber ensinar *São Paulo: EPU, 2006,* TCC não é um bicho-de-sete-cabeças *(2009) e* Aprender não é um bicho-de-sete-cabeças *(2010), ambos pela Editora Ciência Moderna, do Rio de Janeiro, entre outros. E-mail: wilfc2002@yahoo.com.br.*

1 Pesquisa, escola, professor, conteúdo certo

1.1 Do sujeito e do objeto de pesquisa

Boff diz que "o ponto de vista depende da vista que se tem do ponto" (1997, p. 9). Essa frase é importante porque ela, aplicada ao contexto de uma pesquisa sobre a escola, leva-nos a indagar: Quem está pesquisando a escola? De que ponto ele parte para compreender a escola? De que lugar (econômico, político, cultural, ideológico) ele se volta para a escola? Que escola ele pesquisa? Para quê? Para quem? Estou dizendo que, em uma pesquisa, independentemente de qual seja ela, o "sujeito pesquisador" e o "objeto a ser pesquisado" se interferem mutuamente, e de uma tal maneira que chegam a ser "construídos" para que atendam às intenções, aos objetivos e finalidades atinentes à investigação.

1.2 Da relação pedagógica

O fato de o professor ser visto como o direito mais importante por parte do cidadão no contexto da educação escolar, em tese, parece-me uma percepção acertada, porque a relação professor-aluno é que é o coração de todo ensino e de todo aprendizado. Ora, se o professor é aquele profissional que deve apresentar domínio teórico (saber), técnico (saber fazer) e ético (saber ser), então, se ele estiver bem formado nessas três dimensões, a questão do conteúdo já está praticamente resolvida. Ele conhecerá o modo como o processo de aprendizagem acontece. Saberá como deve conduzir seu trabalho e que conteúdo deve mobilizar em nome de uma educação significativa, socialmente interessante.

1.3 Da estrutura da estrutura

Tem coisas que chegam antes do professor, do aluno, da escola. É a chamada "estrutura da estrutura": antes do professor vem a formação continuada e inicial desse professor; antes da formação continuada e inicial do professor vêm as condições segundo as quais ele fez essa formação; antes das condições segundo as quais o professor faz a sua formação surgem os aspectos do ambiente concreto em que ele vive, as quais criam essas condições e que têm a ver com a economia, com a política, com a cultura e com a ideologia. Por isso, se é realmente importante ter um bom professor em sala de aula, isso deve ser entendido como algo a ser desejado em qualquer situação na qual uma escola esteja funcionando.

1.4 Da profissionalização do professor

Há o risco de se usar a figura do professor para transformá-lo em culpado na eventualidade de haver problemas ligados à educação escolar, quando nem ele nem a escola podem ser culpabilizados, por exemplo, pelas mazelas econômicas, sociais, culturais e ideológicas que estruturam o ambiente humano e social no qual ele e a escola inteira funcionam. Então, se formos olhar na perspectiva da "estrutura da estrutura", e, por ela, decidirmos que o que interessa mesmo é a existência de professores profissionalmente excelentes e que enfocam a relação pedagógica (de humano para humano, sob a mediação do conhecimento), a questão sobre se é mais importante para a escola ter um bom professor ou o conteúdo certo para a idade certa se torna uma falsa questão.

1.5 Do que está em jogo

O que está em jogo é: de que projeto de sociedade participam a escola, o professor e o estudante? Isso nos levaria a um debate mais profundo, relativo ao modelo societário em que vivemos e ao estilo existencial para o qual estamos formando. Por isso, temos de questionar o modelo de sociedade e o estilo existencial com os quais nos envolvemos. É complicado partir do entendimento de que a sociedade sob a qual vivemos e o estilo existencial para o qual estamos formando (o cidadão consumidor e trabalhador da sociedade de mercado) são os únicos possíveis, certos, corretos, verdadeiros. Será? Será que não haveria mesmo outra sociedade possível? Outro modelo de homem e de mulher a ser formado pela escola? Penso que se pensássemos nessa direção, mudaríamos a vista do ponto e, por consequência, também alteraríamos o ponto de vista que temos sobre escola, professor, conteúdo, ensinar e aprender.

2 A quem cabe melhorar a educação escolar?

2.1 Do contexto estrutural e conjuntural da escola

Uma recente pesquisa relativa à necessidade de haver, no Brasil, um esforço de "Todos Pela Educação", identificou, do "mais" para o "menos" importante, que a ordem em grau de responsabilidade por melhorar a educação escolar é: MEC (Ministério da Educação), pais de alunos, diretoria de escola, Secretaria Municipal de Educação, Secretaria Estadual de Educação, professores, alunos, ONGs (Organizações Não Governamentais), empresas e igreja. Note que, empiricamente, pela experiência vivida, os pesquisados intuíram que, no contexto da educação escolar, a responsabilidade por melhorar a educação cabe àquela instância que consideraram a mais ampla, a mais geral: o MEC. Porém, no indicativo de perseguir a "estrutura da estrutura", todas essas instâncias (instituições sociais) citadas, em uma perspectiva crítica, podem ser entendidas como componentes da conjuntura, e não da estrutura. A estrutura, referida anteriormente, seria identificada com o modo como produzimos a vida material (economia) e exercitamos o poder (política), com o modo como estamos produzindo bens simbólicos sistematizados (cultura) e com a maneira como mantemos nossas justificativas sobre a existência tal qual a percebemos de todos os aspectos anteriores (ideologia).

2.2 Do debate sobre a especificidade da escola e da docência

Em nível de conjuntura, todas essas instituições estão atuando em seus "quefazeres" específicos. E, aí, entra o debate sobre a especificidade da escola e do professor, que é a de mobilizar o saber escolar originariamente sistematizado pela ciência, pela filosofia e pelas artes. À escola não caberia o papel da família: cuidar. À escola não caberia o papel da igreja: disseminar uma concepção de vida espiritual, e assim por diante. O diálogo entre MEC (Ministério da Educação), pais de alunos, diretoria de escola, Secretaria Municipal de Educação, Secretaria Estadual de Educação, professores, alunos, ONGs (Organizações Não Governamentais), empresas e igreja, então, desejável até, seria aquele sobre questões correlatas à educação escolar e que dizem respeito a todas essas instituições sociais, mas não teria como decidir em termos de mérito sobre especificidade da escola. Para isso existem os profissionais da educação, os quais devem ser respeitados em sua condição profissional. Esse pensamento se justifica porque, pelo viés da especificidade, seria absurdo querer que a escola fizesse justiça econômica em lugar da economia; que ela democratizasse de fato os bens políticos no lugar da política; que produzisse bens simbólico-culturais de qualidade em lugar dos setores responsáveis pela cultura; que ela corrigisse nossa ideologia em lugar de quem deveria ter o compromisso ético de articular verdade, justiça e liberdade entre nós. A escola não foi criada para isso, mas para ensinar.

2.3 Da responsabilidade por melhorar a educação escolar

As pessoas poderão pensar que o MEC é que deve melhorar a educação, mas isso não acontecerá. Outra vez, então, surgem as indagações: o sistema econômico, o regime político, as bases culturais e a ideologia dariam condições subjetivas e objetivas para que o MEC fizesse essa melhoria? O dia em que essas condições existirem, o MEC até poderá coordenar a melhoria da educação (levar as pessoas ao letramento real, e não ao analfabetismo funcional), mas, aí, ele não estará sozinho, mas agindo no contexto de um projeto de sociedade que prima pelo esforço em prol do letramento.

2.4 Do mercado com ente avaliador

Atualmente, todo mundo está sendo aprovado em nossas escolas porque se retirou da escola o papel de avaliar. Hoje, quem avalia é o mercado. Ele continua a ser para nós o ente regulador da inclusão e da exclusão ativas nos processos de produção e apropriação de bens materiais, sociais e culturais necessários à cidadania digna desse nome. Então, no fundo, a fala real seria: "Deixe todo mundo sair analfabeto funcional da escola (inclusive do terceiro grau). Nós ganhamos estatísticas para apresentar ao mundo que financia números, pois, no pós-estudo, quando o sujeito for se inserir na vida ativa da sociedade, o mercado fará o corte de quem ele julga competente ou não". É por isso que a educação tem de ser "para todos" em idade escolar e é por isso que tem de ser "todos pela educação". O sistema está preocupado em ter mão de obra suficiente para guarnecer o seu "mercado de trabalho", o seu "mercado consumidor". A sociedade de mercado (capitalista, liberal, desregulada) em que nos encontramos não joga para perder. Há uma lógica em todas as suas estratégias de autoconsolidação e automanutenção. É a serviço disso que o Estado, atualmente privatizado, controla a educação. Portanto, a educação será melhor no dia em que justiça social se transformar em real qualidade dos pilares que sustentam a sociedade em que vivemos.

3 Da relação família-escola

3.1 Do cuidar e do ensinar

A família cumpre bem o seu papel se dedicar-se a cuidar, a dar educação pessoal para os novatos. À escola, deixe o papel de oferecer o saber sistematizado. Porém, na hipótese de se desejar o estreitamento dos laços entre família e escola, pergunto: como isso se daria? Desde a Revolução Industrial, a família está sendo seguida e profundamente impactada pela economia. Cada um, como se diz por aí, tem de "Matar um leão a cada turno de trabalho" para levar comida para casa. Como, me diga, pais e responsáveis encontrarão tempo, energias, condições subjetivas e objetivas de se interessarem pela escola?

3.2 Da ambiguidade sobre "ter" e "saber"

Há a seguinte ambiguidade existente entre nós: a sociedade passa mensagem após mensagem garantindo a ideia de que "educação é tudo", mas, ao mesmo tempo, exibe os bem-sucedidos como aqueles que levam um estilo existencial (de vida) fundado no dinheiro. Vale o "ter", não o "saber", muito menos o "ser". As pessoas não escolarizadas que obtiveram o sucesso que os liberais pensam ser sucesso é que são colocadas como modelos a serem seguidos. O que pode a educação contra isso? O que pode a escola se ela é continuamente pensada não pelos profissionais da educação, mas por economistas e empresários de sucesso, que entendem de negócio, de comércio, de mercado? Dá para entender porque, embora haja o discurso, a escola não precisa mesmo funcionar além de qualificar mão de obra para o mercado de trabalho?

4 Da confusão entre ensinar e cuidar

4.1 Do assoberbamento de tarefas pela escola

Na sociedade individualista, em que todo senso de grupo, a começar pelo familiar, está em xeque, não estranha esse movimento de querer que uma instituição social abra mão de sua especificidade e alargue suas finalidades para acudir outra. É o caso da família com relação à escola, sendo que a segunda está sendo empanturrada de tarefas que nada tem a ver com suas atividades-fins.

4.2 Da necessidade social de a escola substituir a família

A sociedade atual precisa disso e força os professores e a escola a que quase substituam a família. Cabe, pois, aos profissionais da educação, nos meandros da luta pela profissionalização, reivindicar o respeito à sua especificidade. Já notou que ninguém diz ao médico, ao psicólogo e ao advogado como devem desempenhar suas atividades profissionais, mas que, por conta dessa confusão entre família e escola, entre outras, todos se sentem no direito de dizer como o professor deve atuar? É complicado, porque é essa mesma sociedade aquela que, mais tarde, cobrará dos professores o preço por não terem procedido adequadamente ao letramento de seus membros. Então, que a família cuide e que a escola escolarize! - entendimento esse que não deixa de ser um complicador a mais na luta dos profissionais da educação pela própria profissionalização.

5 Educação global e educação escolar

5.1 Do auxílio que a família pode dar à escola

A educação global de uma pessoa começa antes de ela nascer e só termina no dia em que ela morre. A educação escolar é um momento dessa vida. A escola lida com a terminalidade (Ensino Fundamental, Ensino Médio, Ensino de Terceiro Grau); a família, não. Assim, se a família (primeira socializadora das crianças), tiver no projeto de formação de seus membros a previsão de frequência à escola, tudo o que decorre da instituição escolar em termos de tarefas, compromisso com o estudo, atitude de empenho, ética e etiqueta, tudo isso passa a ser da alçada da família.

5.2 Do desejável diálogo entre família e escola

A família continuará a dar educação pessoal e, se fizer essa sua parte, ela já estará contribuindo, e muito, para que a escola cumpra sua função social, estará contribuindo para que a sociedade tenha humanos mais bem formados. Nesse nível, sim, não vejo razão para o não diálogo entre família e escola. O que não é desejável é a professora virar "tia", na aparentalização do profissional da educação para que ele substitua a instituição famíliar, ou que a família queira tomar o lugar reservado ao professor. É a questão da especificidade. Com bom senso, cada instituição pode, sim, contribuir para que o letramento dos sujeitos sociais seja bem-sucedido e isso é desejável.

6 Os fundamentos do desamparo atual da juventude

6.1 Do desespero diante do estado de vida atual da juventude

Minha preocupação com os jovens atualmente chega ao desespero. Fico exasperado porque não os vejo com ideologias (Cazuza já pedia uma para viver, lembra?), com bandeiras, com sonhos, com desejos, com projetos. Somos filhos do jeitinho. Não somos previdentes. Isso no âmbito pessoal, profissional e social.

6.2 Da leitura filosófica da realidade juvenil brasileira

Por influência da filosofia, uma leitura dessa realidade demanda o entendimento de que, desde o Renascimento até o Iluminismo, a concepção antropológica que elaboramos e que herdamos até os nossos dias garante-nos que somos o centro, uma parte da natureza, os participantes de uma racionalidade universal, a qual individualizamos em nós mediante o desenvolvimento biocognitivo. Exatamente essa concepção de ser racional (de Descartes a Kant), ensina-nos que a razão, vinculada àquela razão universal (note que não é mais um Deus-Criador), é que sustenta a tese de que o ser humano, com sua razão se desenvolvendo naturalmente, haveria de levar o indivíduo à autonomia, à emancipação e, ao lado de seus semelhantes, à paz perpétua e à felicidade universal.

6.3 A crença no homem hiper-racional nos levou ao desamparo

A crença nesse homem, racionalmente poderoso, levou-nos a criar a tecnociência, o conhecimento instrumental segundo o qual, pelo domínio de causas e efeitos internos ao mundo natural e humano, levaria toda a humanidade ao domínio da ordem e, consequentemente, ao progresso. Ocorre que essa concepção antropológica focou o indivíduo (aquele que não mais poderia ser dividido em corpo e alma, matéria e espírito). Foi essa concepção que afetou a autoridade dos pais e dos professores e o motivo é o seguinte: se cada indivíduo tem um mestre e um pai dentro de si, identificados com a razão que nos levará a um sempre bom, a uma evolução contínua rumo ao melhor dos mundos possíveis, para que o cuidado paterno e o ensinar do magistério? Foi na esteira desse entendimento que a criança foi levada ao centro, cujas aptidões, desejos e quereres devem ser respeitados pelos adultos, todos eles, incluindo pais e professores. Deu-se, assim, a cisão dos mundos infantil e adulto. Emergiu, daí, o desamparo de crianças, adolescentes e jovens com os quais convivemos atualmente.

6.4 Aforismo inconclusivo: do que precisamos fazer

Hoje, os pais e professores sentem medo de dizer SIM e NÃO, de estabelecer limites. Enquanto chegávamos a isso, não notávamos que as crianças estavam sendo encerradas em seus próprios eus, em seu próprio mundo. Ainda hoje estão assim por aí. Com quem contar? Que projeto de vida coletiva existe para abrigar os sonhos pessoais? Os jovens estão à solta, estão soltos, perdidos: não formaram opinião política, não construíram um propósito de vida, estão sem projetos, sem previsão do que querem ser. Estão, em verdade, vazios de sentido existencial. Estão à deriva. É por isso que os valores centrados no individualismo estão sendo questionados. Mas o humano se faz humano no convívio com seres humanos. O sentido da manutenção coletiva da vida precisa ser urgentemente resgatado. Do contrário, nossos jovens continuarão assim, largados à própria sorte.

Bibliografia

BOFF, L. *A águia e a galinha*:uma metáfora da condição humana. Petrópolis: Vozes, 1997.

CAZUZA. **Ideologia** (LP). Rio de Janeiro: Polygram, 1988.

CORREIA, W. *Piaget: que diabo de autonomia é essa?Revista Currículo Sem Fronteiras*, v. 3, n. 2, jul./dez. 2003, p. 126-145.

CORREIA, W. *Saber ensinar*. São Paulo: EPU, 2006.

CORREIA, W. *TCC não é um bicho-de-sete-cabeças*. Rio de Janeiro: Ciência Moderna, 2009.

CORREIA, W. *Aprender não é um bicho-de-sete-cabeças*. Rio de Janeiro: Ciência Moderna, 2010.

MEC. *Pesquisa 'A participação dos pais na educação de seus filhos'*. Brasília: TPE, 2009. Disponível em: <http://www.todospelaeducacao.org.br/Comunicacao. aspx?action=2&aID=298>. Acesso em: 19.11.2009.

Capítulo 6

Docência em filosofia: A transposição pedagógica[1]

Wilson Correia[2]

Introdução

Este trabalho enfoca o ensino de filosofia pelo viés da transposição pedagógica. Objetiva problematizar a prática de ensino de conteúdos filosóficos, bem como participar das discussões sobre os desafios da inovação no âmbito do ensino de conteúdos filosóficos. Situa-se no contexto do marco legal sobre o ensino de filosofia no Brasil pós-reformas educacionais brasileiras dos anos 1990, o qual, atualmente, prevê a filosofia como disciplina obrigatória no Ensino Médio, além de sua tradicional presença em nível universitário. Foi realizado sob as diretrizes da pesquisa bibliográfico-documental e conceitual-compreensiva. Depara com a limitação que consiste na falta de dados e informações empíricas mais atualizadas

---

[1] *Agradeço as inestimáveis sugestões dos professores Adriana Richit, Gilfranco Lucena e Irenilson Barbosa, os primeiros leitores desse texto, as quais acolhi como valiosas contribuições.* [2] *Licenciado em Filosofia (PUC-Goiás), com Especialização em Psicopedagogia (UFG) e Mestrado (UFU) e Doutorado em Educação (UNICAMP). Líder do GPEFE – Grupo de Pesquisa e Extensão em Filosofia da Educação. Adjunto em Filosofia da Educação no Centro de Formação de Professores da Universidade Federal do Recôncavo da Bahia. É autor dos livros* Saber ensinar *São Paulo: EPU, 2006,* TCC não é um bicho-de-sete-cabeças *(2009) e* Aprender não é um bicho-de-sete-cabeças *(2010), ambos pela Editora Ciência Moderna, do Rio de Janeiro, entre outros. E-mail: wilfc2002@yahoo.com.br.*

sobre o ensino de filosofia em nosso sistema formal de ensino. Propõe indicações para debate sobre a necessidade de se superar o cânone tradicional de pesquisa e ensino no âmbito do saber filosófico.

Nessa perspectiva, podemos dizer que, de modo geral, "docência" é um termo que tem a ver com a capacidade do profissional do magistério de propor e vivenciar experiências concretas de ensino e aprendizagem, implicadas nos quefazeres discentes grupais, individuais, coordenados ou de livre escolha. Segundo o dicionário, "docente" nomeia quem ensina e "diz respeito a professores. Do latim *docens*, *docentis*, particípio presente de *docere*, 'ensinar'" (FERREIRA, 1975, p. 274). Assim, o professor pode ensinar e, sabendo o sentido de sua prática, motivar os estudantes a que também vivenciem experiências de autoria de pensamento.

"Filosofia", para efeito germinal deste trabalho, pode ser compreendida como exercício do pensamento, no sentido daquela prática na qual "cada sujeito" estabelece "relação própria com o pensar", na "possibilidade de formação e transformação do que se é" (LARROSA, 1998, p. 24). Relaciona-se ao campo conceitual dos saberes e da pesquisa que abordam a condição humana no mundo, entre tantos outros assuntos, fazendo-o sob o viés da formação de estilos existenciais para o homem e a mulher, além de enfocar o modelo societário desejável para o ser humano. Saber que homem e que mulher queremos educar e qual modelo de sociedade podemos propor para abrigar esse homem e essa mulher parecem ser, no meu modo de ver, as razões que justificam todo trabalho no campo da filosofia.

"Transposição pedagógica" é um processo associado à arte de ensinar e com a tradução de conceitos filosóficos ao nível cognitivo do estudante, visando a que o aprendiz aceda ao saber filosófico como percurso educativo e formativo, na direção do que afirma De Pasquale:

> Por acaso devemos nos envergonhar de traduzir em termos simples, para quem quer que queira aprender,

os grandes problemas filosóficos da vida? Devemos por aças nos envergonhar de oferecer aos nossos alunos o arsenal dos filósofos para discuti-los e elaborar estratégias de resolução de modo criativo, livre? (DE PASQUALE *apud* RODRIGO, 2009, p. 15).

Desse modo, "transposição pedagógica" refere-se à formação integral daqueles estudantes envolvidos nas práticas de ensino e aprendizagem criativas e criadoras, e não ao estudo meramente reprodutivista. Isso requer que práticas memoricistas e repetidoras não ditem os rumos dados às situações reais de ensino e aprendizagem. Antes, e ao contrário, implicam a expectativa de que experiências possíveis nessa área sirvam para que o estudante possa pensar por si mesmo sobre os problemas e temas que lhe tocam e afetam e ao conjunto dos seres humanos na face da Terra.

Alinhado a esse entendimento, este trabalho, *Docência em filosofia: a transposição pedagógica*, tem a finalidade de divulgar parte atualizada dos estudos realizados durante a realização do curso de doutorado em educação, cuja tese foi defendida, em 2008, na Faculdade de Educação da UNICAMP, entremeado pela percepção pessoal possibilitada pela experiência com o ensino de filosofia e pela lide docente cotidiana.

Nessa perspectiva, o presente estudo manifesta o entendimento de que a famosa questão hegelo-kantiana (RAMOS, 2007) ainda está posta à nossa apreciação: ensina-se filosofia, como propôs Hegel, ou, como defendeu Kant, ensina-se a filosofar, excetuando-se o ensino da história da filosofia? [*Ipsis literis*: "Entre todas as ciências racionais (a priori) só é possível, por conseguinte, aprender a matemática, mas nunca a filosofia (a não ser historicamente): quanto ao que respeita à razão, apenas se pode, no máximo, aprender a filosofar" (KANT, 1989, p. 660)].

Hoje, dadas as contribuições teóricas sobre a estilística pedagógica que se presta a sustentar a prática docente no âmbito da filosofia, talvez esse dilema possa ser considerado superado. Professores de filosofia se valem de variadas obras produzidas na área para trabalhar informações, conhecimentos e saberes de natureza filosófica e, ao mesmo tempo, também instigam ao filosofar, sendo que até a história da filosofia pode instigar à produção filosófica autoral, dado que são inúmeras as portas possíveis à experiência e ao exercício do pensamento.

Se considerarmos o filosofar como prática de uma estilística atitudinal, mas que vai além do estilo, o tratamento didático-pedagógico bibliográfico reservado aos clássicos originais e às obras introdutórias, histórias e especializadas pode ser considerado o eixo teórico-metodológico central no desenvolvimento do processo de ensino e aprendizagem em filosofia. Ademais, esse tratamento pode ser entendido como um caminho deveras profícuo para a proposição da experiência do exercício do pensamento, na busca da autoria mesma por parte de estudantes e de professores na área da filosofia (ARMIJOS PALÁCIOS, 1997).

Essa proposta desafiadora só é possível em face dos avanços teóricos e práticos obtidos mediante os esforços em prol da superação de uma prática docente centrada na memorização, na retenção, na repetição e na mera reprodução. Haja vista que, atualmente, o que se coloca como tarefa para quem lida com conteúdos filosóficos em situações reais de ensino e aprendizagem é a prática contínua de promover o pensar por conta própria. Desse modo, uma tal estratégia pode visar ao preparo de intelectuais habilitados, teórica e metodologicamente, para o enfrentamento dos problemas atuais que nos acossam em todos os cantos do planeta.

Para tanto, inspirados em Cabrera (2010, p. 32-33), entendemos ser crucial o enfrentamento do desafio que é o de ir além do cânone tradicional, o mais encontradiço entre nós sobre a produção e ensino filosóficos, qual seja:

1 Adoção de problemas objetivamente elaborados na pesquisa em filosofia e que se encontrem filiados à tradição filosófica clássica, e só a ela circunscritos;

2 Emprego de regras de metodologia científica que possibilitem o tratamento rigoroso, claro e preciso dos conceitos filosóficos, quase sempre tomados como pontos de partida, invés de serem buscados como pontos de chegada;

3 Pudor esmerado na materialização bibliográfica de autores compreendidos como autoridades na tradição filosófica, sempre pela via de citações e referências documentalmente exatas, quase sempre queridas em suas línguas originais.

Pensando nessa perspectiva inovadora, este trabalho observa esses problemas em sua organização, além das questões cotidianas que pedem pesquisas, debates e até mesmo pronunciamentos e propositura de solução. Nem sempre essas respostas são possíveis.

Porém, no propósito de compartilhar e socializar os resultados da busca investigativa, o presente texto dedica-se, em um primeiro momento, a pensar sobre a docência em filosofia. Depois, detém-se na transposição pedagógica, plausível quando se fala em docência no âmbito da área filosófica.

Por fim, este texto aborda questões relativas ao interpretar, comentar e refletir, e o faz mediante o esforço para ir além da mera reprodução conceitual, estendida aos estudantes de filosofia. Elaborar uma produção particular criativa e criadora surge, aí, como uma proposta educativa e formativa que me parece plausível. Sem a coragem de assumir esses desafios, a formação de pensadores preparados para o enfrentamento dos nossos problemas atuais ficará comprometida, o que não contribui para nossas pesquisas inovadoras em filosofia, onde quer que elas forem levadas a cabo.

1 Da docência em filosofia

A profissão docente exige domínio teórico, metodológico e ético (CORREIA, 2006). Assim, não basta apenas saber teoria e nem tão-só como proceder metodológica e tecnicamente em situações de ensino e aprendizagem. De pouco adianta, ainda, agir visando ao que o ensinante considera bem ético, desconsiderando a teoria filosófica e a metodologia de ensino dada pela pedagogia. Integrar saber teórico, metodologia e técnica e política e ética parece ser fundamental ao exercício do magistério em filosofia, sob pena de se deixar a desejar nos processos implicados na experiência de pensamento filosófico. Variadas são as informações, os conhecimentos e os saberes que podem e devem ser mobilizados pelo professor para compor o próprio perfil profissiográfico ao lidar com o ensino de filosofia (GAUTHIER, 1998).

O professor que procura formar-se continuamente na perspectiva de adquirir saber teórico, saber fazer e saber ético extrai seus instrumentos profissionais da vida particular na família, no trabalho e em outros espaços da convivência social. Ao que parece, a educação pessoal tem implicação direta na formação profissional docente e isso apresenta relevante influência no modo como o profissional do magistério se desincumbe de suas tarefas (TARDIF & RAYMOND, 2000).

Ele aproveita, também, as informações e os conhecimentos aos quais teve acesso ao longo de sua educação formal em nível fundamental, médio e universitário, bem como os da socialização pré-profissional, não relegando ao segundo plano as vivências reais em todos esses processos (TARDIF & RAYMOND, 2000). E o desafio aí é o de realizar a integração entre teoria e prática, se não satisfatoriamente nos períodos de estágio, continuamente nas etapas de inserção na prática do magistério.

Além dessas aquisições simbólicas, o profissional do magistério dedicado ao ensino da filosofia pode e deve se valer do uso dos saberes da tradição filosófica e da tradição pedagógica, tanto quanto dos conhecimentos curriculares voltados especialmente para a formação docente. Nesse sentido, a leitura dos clássicos poderá ser auxiliada por obras de caráter didático, tais como as introdutórias, as históricas, as especializadas, como dissertações e teses, sem contar a produção diuturna e ininterruptamente publicada sobre a filosofia e seu ensino.

O professor de filosofia que julga de somenos a articulação consistente desses saberes pode incorrer na atitude antipedagógica e antididática reveladora do entendimento de que apenas o domínio específico da filosofia basta à prática do ensino. O que estou argumentando é que não basta apenas teoria, isolada de outros saberes, pelo fato de o exercício do ato de ensinar exigir o saber fazer metodológico e o saber ético relativo ao ser-estar humano entre humanos (GAUTHIER, 1998). Por isso, a velha separação entre bacharelado e licenciatura historicamente verificada nos cursos de graduação no Brasil precisa ser revista, como, no caso específico da formação de professores de filosofia, também precisa ser revisto o distanciamento entre filosofia e pedagogia. A primeira parece não prescindir da segunda.

Ademais, pode o professor complementar os saberes anteriormente registrados com aqueles encontrados nos livros introdutórios, históricos, especializados e, sobretudo, nos clássicos originais da filosofia, como já foi assinalado, lançando mão da variedade de materiais conforme a necessidade dos estudantes. Se assim o fizer, saberes experienciais, específicos do quefazer docente e inerentes à ação pedagógica em filosofia serão imensamente enriquecidos e constantemente atualizados. Basta interessar-se e realizar. O que me parece exagero é a atitude de desconsiderar os materiais produzidos hodiernamente no âmbito da pesquisa e da didática filosófica em nome de um apego cego aos clássicos. Até a ida aos clássicos precisa ser pedagogicamente orientada, sob pena do fracasso estudantil.

Nessa perspectiva, então, o professor de filosofia é chamado a:

a) adotar uma perspectiva filosófica, entre as muitas existentes, e explicitá-la para os estudantes;

b) evitar a transposição pedagógica linear e sem problematização das linhas, correntes e escolas de pensamento, evitando tomá-las como dadas e acabadas, mas, sim, propondo a criação filosófico-conceitual;

c) compor o próprio perfil profissiográfico visando a deter amplo domínio da história da filosofia, mantendo a atitude de filósofo;

d) saber articular as ciências, a filosofia e as artes para enriquecer o material de ensino e estudo;

e) deter técnicas de estudo de textos filosóficos que vão além da mera interpretação, do simples comentário e da reflexão pela mera reflexão;

f) lançar mão de técnicas de escrita, de expressão do próprio pensamento, visando a obter mais um instrumento a ser utilizado na mediação entre os estudantes e os temas da filosofia.

2 Da transposição pedagógica

O vocábulo dicionarizado "transposição" significa deslocar algo para o lado oposto e remete à ideia de "ultrapassar", "galgar", "exceder", "pôr em lugar diferente". Assim, "transposição" significa "ir além". Já a palavra "pedagógica", para além de "ciência da educação" e sendo uma *práxis*, nomeia o ato de "formar, educar", de "encaminhar" para um modo de ser e estar no mundo. Aqui, tudo isso quer dizer: formar para que cada um seja o si mesmo de que for capaz. Não é mera cópia, simples uniformização ou reprodução pela reprodução. É formação para a vivência da dupla dimensão: a da singularidade antropológica e a da solidariedade sociológica. É "teoria prática" (LALANDE, 1999).

Desse modo, da junção dos dois conceitos resulta o entendimento sobre a atividade de submeter os conhecimentos originariamente produzidos no campo da investigação filosófica a tratamentos apropriados para que se tornem ensináveis em contextos reais de ensino e aprendizagem em nosso sistema educacional. Isso significa que os vários saberes curriculares devem ser recodificados para habitarem a sala de aula, de maneira que os estudantes possam lidar com eles visando ao próprio aprendizado, potencializador do desenvolvimento biológico, psíquico, cognitivo, cultural e social no qual se encontram ao longo da existência (REBOUL, 1974).

Vários elementos, fatores, aspectos ou dimensões podem ser considerados no trabalho de transposição pedagógica ao se estudar autores, temas e problemas filosóficos, e não apenas os conceitos internos às obras analisadas. Entre os diversos fatores possivelmente relacionáveis com os materiais de estudo, o professor talvez pudesse atentar para:

a) O contexto mais amplo em que apareceram na história o autor e a obra estudada: a história, a cultura e a sociedade em suas dimensões econômica, política e ideológica. Nenhum homem, nenhuma mulher, obra filosófica alguma e processo humano algum parecem caídos do céu, mas são objetiva e subjetivamente circunstanciados, razão pela qual o trabalho de transposição pedagógica poderia observar isso, sob pena de enveredar por reducionismos idealistas que em nada podem contribuir para a formação de quem se dispõe a estudar filosofia.

b) Os elementos epistêmicos afins e correlatos à obra explorada: os saberes curricularizados e considerados válidos, bem como aqueles que não logram aceitação curricular, em meio aos quais a filosofia se apresenta. Os saberes são múltiplos e os poderes são unicizantes e uniformizadores, justamente para que os conhecidos mecanismos de controle, disciplinamento e ordenamento da vida individual e coletiva possam surtir os efeitos esperados na sociedade administrada. Atentar para a multiplicidade dos saberes correlatos à filosofia é uma exigência da prática de seu ensino.

c) Os aspectos éticos que atravessam a obra em exame: os princípios, os valores, as normas e as regras morais que os seres humanos legitimam e que comparecem no processo da educação formal, tanto quanto as práticas éticas oficialmente renegadas, mas afetas às obras estudadas. Como são muitas as concepções éticas em nosso meio, parece de bom tom que o professor de filosofia possa atentar para essa diversidade e considerá-la em sua vivência cotidiana no magistério, em meio às inúmeras situações reais de ensino e aprendizagem.

d) Os fatores humanos implícitos na relação pedagógica: o professor e o aluno em situações concretas de ensino e aprendizagem, ao lado dos demais profissionais atuantes no campo da educação escolar, tanto quanto a comunidade de que a escola faz parte. Evidentemente, o que se considera aqui é a existência de uma coletividade educadora, e não o solitário professor que intenta mobilizar o saber filosófico em proveito da formação de nossos estudantes isoladamente. Parece não existir prática educativa que não seja socialmente referenciada.

e) Os aspectos didático-metodológicos e técnicos necessários à compreensão do que se estuda: os procedimentos específicos de ensino e aprendizagem, tomados como caminho capaz de conduzir o professor ao êxito na docência e o aluno ao aprendizado significativo. Isso, evidentemente, requer flexibilidade do professor, seja na relação com os estudantes, seja na proposta de atividades, seja, ainda, na escolha dos materiais a ser utilizados pelos estudantes de filosofia. Aí o educador torna-se versátil para atender às solicitações da realidade social concreta, tanto quanto a pessoal e a dos alunos.

Como é possível notar, em todo esse contexto surge relevante a figura do professor, profissionalmente compreendido. Ele é o sujeito social que, ao exercer a profissão, constrói elos entre educação e mundo, vida e escola, saber vivido pelo aluno e conhecimentos a ser apreendidos nos tempos e espaços da instituição de ensino, considerando sempre a história para a qual contribui, a sociedade de que participa e os estilos existenciais assumidos pelos seres humanos circundantes.

Nessa perspectiva, o sentido do quefazer docente enraíza-se no chão da cultura, essa que delineia o viver cotidiano, as práticas individuais e coletivas, as formas de vinculação humana e os modos de se conduzir na vida em sociedade como estudante e professor. Ao largo desse entendimento, como buscar a compreensão sobre o trabalho em sala de aula? Aliás, é a busca de sentido para essa prática que justifica a elaboração de projetos de transposição pedagógica, em relação aos quais a filosofia não se coloca à parte (FREIRE, 2000).

Se bem compreendida, e não considerada como algo de somenos em relação ao saber filosófico, a transposição pedagógica pode contribuir para que o professor de filosofia tenha em seu trabalho um quefazer que transcenda métodos e técnicas que não primem pela liberdade de ensinar e aprender. Ela pode contribuir para a construção de uma identidade profissional em articulação com os processos de significação da vida e do mundo, possibilitando a gestão da sala de aula sob a ótica de uma ética relacional fundada no gosto pela conquista do saber.

Parece plausível o entendimento de que o sentido transformador do emprego da transposição pedagógica no ensino de filosofia requer a (re)significação do currículo escolar, o qual não deve restringir-se à planificação do ensino. Ao contrário disso, um currículo escolar que acolhe a filosofia pode ver na transposição pedagógica o núcleo da transversalidade inerente ao saber filosófico e que, de algum modo, dá legitimidade a todas as interfaces que os demais saberes humanos mantêm entre si.

Enfim, parece ser em função disso que o componente curricular de filosofia pode ser pensado, sobretudo por implicar decisões sobre: tempo pedagógico, objetivos, conteúdos, métodos, técnicas, procedimentos, avaliação, todos eles a ser mobilizados pelo professor e pelos alunos de maneira contextual. Aqui não se fala em ordem de precedência, mas em interação e complementaridade. Por isso, penso que a filosofia também se insere nesse movimento, podendo criar, inovar e produzir para superar a mesmice da repetição (CORREIA, 2009).

3 Sobre o interpretar, o comentar e o refletir

Lidando diariamente com questões relativas ao "fazer" e ao "ensinar" filosofia em nosso sistema de ensino, sobretudo o superior ou universitário, deparo, todos os dias, com a "teoria do basta". Para os adeptos dessa teoria, raramente explicitada, o entendimento é o de que para fazer e ensinar filosofia "basta interpretar", "basta comentar", "basta refletir". Mas... será que a "teoria do basta" é suficiente?

Sobre a interpretação

No âmbito da "interpretação", vejo e ouço pessoas inteligentes dizendo; "Neste trecho, nesta obra, neste trabalho... o autor X quis dizer Y". Aí o interpretador, ainda que técnicas apuradas garantam a interpretação semântica e literária rigorosa do escrito, arroga-se o direito de dizer o que o "outro quis dizer", intermediando o autor original e os estudantes que intentam estudar as ideias desse autor X. É o interpretador querendo-se a si próprio onisciente, qual uma entidade divina que detém o sentido e o significado do conteúdo escrito pelo autor X, abominando qualquer outro entendimento possível a respeito da matéria analisada. Muitas vezes esse interpretador apropria-se do discurso e faz dele um instrumento para defender ideias que não estão na intenção do autor original.

Um exemplo disso é certo tratamento dado a Epicuro (2002), quase sempre denunciado como hedonista, e só, ao passo que sabemos que o que Epicuro propõe não cabe em tamanho reducionismo. Problematizo, neste parágrafo, a falta de zelo no trabalho de compreender o autor para sobre ele opinar, bem como as distorções cotidianamente vistas sobre os originais estudados.

Ora, somente uma pessoa no mundo pode dizer com segurança o que alguém "quis dizer", quando a interpretação transcende o tratamento técnico, semântico e filosófico apropriado: o próprio autor do trecho, da obra e do trabalho estudado, feitos, evidentemente, de conceitos os quais toda pessoa de inteligência mediana pode explorar para compreender por conta própria e com honestidade intelectual, não necessitando de um atravessador iluminado para "traduzir acrescentando" o pensamento do clássico levado a exame. Como, geralmente, esse autor X aí é um morto, então essa tentativa do interpretador que "personaliza a obra filosófica" não passa de usurpação e charlatanismo filosóficos. Não estou aqui a defender a ilusão de que o autor só funciona quando vivo. Nesse sentido, Barthes já disse: "... sabemos que, para devolver à escrita o seu devir, é preciso inverter o seu mito: o nascimento do leitor tem de pagar-se com a morte do Autor" (BARTHES, 1987, p. 53). Porém, a tentativa de respeito sagrado à intenção e ao dito do autor original deve ser uma providência a ser tomada pelo professor de filosofia.

Isso de tentar interpretar, nos moldes acima mencionado, é fazer filosofia? Essa prática deve merecer gasto de energia em situações reais de ensino e aprendizagem em nosso sistema educacional brasileiro? Talvez fosse mais produtivo que nos ativéssemos à busca por nós mesmos, com honestidade intelectual perante os autores estudados e com o propósito de formar pessoas que pensem por conta própria e com o imprescindível auxílio dos clássicos.

Sobre o comentário

Quando deparo com o "comentário", às vezes e em alguns casos, irmão gêmeo ou mesmo filho legítimo da interpretação, a prática segue um pouco aquilo que afirmou Whitehead (*apud* PORTNOY, 1980, p. 191), de que "O desenvolvimento da filosofia ocidental tem sido uma mera adição de notas de rodapé à filosofia de Platão". Aí o comentador vai além do "interpretar idiossincratizando" e intenta "explicar" o original, valendo-se da forma do comentário. Ele chega ao cúmulo de aceitar a divisão do indivisível: "O primeiro Marx, o segundo Marx", por exemplo, como se o autor "explicado" não tivesse o direito, neste caso, de modificar o próprio pensamento, sendo cindido em si mesmo, feito dois autores diferentes, e não um sujeito social que produziu e modificou (para melhor ou para pior) o próprio pensamento.

Estranho demais! Comentar é fazer filosofia? Talvez, longe disso, seja um subterfúgio para não se pensar concretamente sobre os problemas atuais que nos afligem.

Os clássicos originais fizeram filosofia porque debruçaram sobre os problemas de sua época, os quais tiveram facetas diferentes daquelas que os mesmos problemas apresentam em nossos dias, precisando ser enfrentados por vivos, e não por pensamentos de mortos que já vieram ao mundo e deram suas inegáveis contribuições. Lê-los e usá-los para compreender a história atual, sim; repeti-los, de modo pessoal, em intermináveis comentários que tentam esclarecer a outrem o que os clássicos quiseram dizer, não! (ARMIJOS PALÁCIOS, 1997).

Mas... tem gente que casa com Platão, Aristóteles, conforme o gosto. E não apenas casa, mas se torna escravo do dito do grego, do morto, do gênio que veio antes e pensou, sem o mínimo esforço para ir além deles. Aí a verdade: se ser escravo de vivo já é absurdo, imagine ser escravo de um morto? O pior é fazer-se escravo do morto não porque o morto o quis, mas por livre e espontânea adesão, como bem alertou La Boetie (1982) em seu famoso e atualíssimo *Discurso da servidão voluntária*. Só mesmo uma mente altamente perturbada se sujeitaria desse modo a algo e a alguém de maneira tão despersonalizante.

Sobre a reflexão

Parece óbvio que interpretação e comentário são operações cognitivas e discursivas feitas por quem lida com o fazer e o ensinar filosofia, tomando-os como tarefas que se prestam à "reflexão" filosófica, esse conhecido ouroboros verborrágico de quem fica circulando em torno do pensamento já pensado, sem dar azo a que o novo, o inusitado e o vir-a-ser possam ser produzidos e nos servir de apoio para a solução de nossos problemas atuais, surgidos na atualidade.

Os alunos de nossas academias sabem muito bem disso: interpretam, comentam e refletem porque, do contrário, estarão irremediavelmente perdidos. Ai deles se ousarem pensar por conta própria! "Repitam, reproduzam, infinitamente, e tudo estará em paz", parece ser o imperativo que não deixa escapatória para quem quer que seja. Nesse aspecto, os exemplos diários são incontáveis quando o assunto é interpretar, comentar e refletir de maneira forçada por uma prática pedagógica que inibe e tolhe a liberdade de pensar e expressar o próprio pensamento por parte de nossos estudantes.

Então, se está decidido, de antemão, que aprender e fazer filosofia são sinônimos de interpretar, comentar e refletir, com os regimes de verdade preditando as ações (FOUCAULT, 2004), sem vislumbrar a possibilidade de criação e invenção, a produção inovadora não terá lugar em nossas salas de aula, práticas de pesquisa e extensão; em nossos trabalhos acadêmicos e em nossas produções docentes e discentes. Basta, aí, a reprodução pela reprodução refletidora e tudo estará em paz nos círculos formais de educação.

Refletir é fazer filosofia? Cá entre nós: haverá pior filosofia do que essa que "reflete" em vez de provocar o novo de nossa produção? Até quando vamos nos contentar com as soluções alienígenas que transplantamos em nossas reflexões para, com elas, tentar resolver problemas que são específicos e nascidos de nossa realidade brasileira em sua ampla complexidade? Como já foi dito, a filosofia "não é reflexão, porque ninguém precisa de filosofia para refletir sobre o que quer que seja" (DELEUZE & GUATTARI, 1992, p. 14).

Conclusão

Fazer transposição pedagógica, então, não significa cair no tecnicismo da esmiuçassão conceitual, nem se identifica com essa prática de reflexão que não sai do lugar. Também não tem nada a ver com a repetição ou reprodução interminável do pensamento de outrem, mas com o pensar por conta própria, com o trabalho de procurar por si mesmo e com a decisão de assumir a autoria do próprio modo de pensar e de se expressar.

O desafio aí é o de que temos uma produção consagrada (clássica) e que ela deve ser estudada, mas de maneira que nos faça compreender a vida atual, a educação de nossos dias, a sociedade de hoje e a história que estamos fazendo. A erudição pela erudição não faz o menor sentido. O que dá significado ao nosso quefazer é a prática de utilizar os instrumentos da filosofia para pensarmos os problemas que batem às nossas portas.

Sem compreender a nossa própria vida, pouco ou quase nada de sentido existencial poderá qualificar a nossa breve passagem pela Terra, muito menos poderá dar sentido à educabilidade que tanto valorizamos. E, ao que me parece, um currículo de formação filosófica que segue esse norte da criação, sem se contentar com a mera repetição coloca-se no bom caminho.

Além disso, resumindo o que tentei dizer desde o início neste trabalho, penso que aprender, ensinar e fazer filosofia é possível, desde que os professores de filosofia de todos os níveis da educação formal:

1 Deixemos claro para os alunos que as práticas de aprender, ensinar e fazer filosofia exigem que ousemos ir além da hermenêutica e da exegese dos meros comentários, das distorcidas interpretações e das repetidas reflexões que tentam explicar o já originariamente explicado pelo próprio autor do texto filosófico, dedicando-nos ao estudo analítico e conceitual consequente em nossas salas de aula.

2 Entendamos que concordar ou discordar, o modo mais indicado de fazer filosofia, só é possível se elaboramos a defesa das teses que nos garantem em um sentido ou noutro e o façamos de maneira clara, concisa e objetiva, cuidando para que as razões das verdades defendidas possam ser compreendidas por outrem.

3 Esforcemo-nos para ler o texto filosófico de maneira que trabalhe para compreender o discurso como se o lêssemos com os olhos do próprio autor, pois para concordar ou discordar precisamos, antes, compreender, sob pena de distorcermos as ideias e os conceitos estudados. Primeiro a compreensão, depois a opinião.

4 Que, antes da memorização, retenção e mimetismo repetidor, os professores de filosofia criemos condições de trabalho filosófico para os alunos de modo que privilegie a produção criativa e criadora, com vistas para o enfrentamento dos problemas atuais que nos afetam, e não apenas o mergulho em preciosismos de erudição sobre o já vivido e já pensado.

5 Saibamos que ensinar e aprender filosofia, utilizando obras introdutórias, históricas, especializadas e originais são práticas que requerem entendamos que a abordagem filosófica das coisas pode se dar pela via histórica, problematizadora e temática, e não somente como história unívoca e linear que envolvem autores, obras, linhas e correntes filosóficas.

6 Superemos as dicotomias entre licenciatura e bacharelado e o distanciamento entre filosofia e pedagogia, pois o ensinar e o aprender a fazer filosofia exigem que lancemos mão de informações, conhecimentos e saberes produzidos nas áreas que pensam sobre o processo da educabilidade humana, com especificidade e com recursos que a filosofia sozinha não possui.

7 Tomemos a iniciativa de levar a público o que produzimos a título de saber filosófico em nossas academias, não temendo o debate que deve motivar o ensinar, o aprender e o fazer filosofia, passando ao largo, quando necessário, das exigências tecnicistas e quantitativistas dos órgãos oficiais que acabam por promover uma prática de pesquisa em filosofia ao molde do ermitão solitário e que não dialoga com ninguém.

8 Trabalhemos para desmistificar o ensino de filosofia, evitando tratá-lo como assunto de iniciados, hermeticamente dirigido a gênios ou às mentes especiais, mas, privilegiando a comunicação, lançando mão de informações introdutórias, históricas e especializadas no trabalho de conduzir o processo de ensino e aprendizagem em filosofia. A motivação para filosofar reside nos mais variados lugares e, privilegiadamente, nas próprias pessoas.

9 Valorizemos o entendimento de que todo autor escreve para ser compreendido e que explicações e "leituras" (leitura nietzscheana sobre Sócrates, por exemplo), muitas vezes, produzem confusão em vez de compreensão, pois, baseados na "igualdade das inteligências" (RANCIÈRE, 2002), os clássicos não precisam de atravessadores idiossincráticos interpostos entre eles (clássicos) e nossos estudantes.

10 Visemos à superação de métodos de produção filosófica assentada em formas de fazer filosofia herdadas do tomismo,

do estruturalismo e do positivismo, por exemplo, promovendo novas concepções metodológicas que privilegiem, não a mera reflexão ou a linearidade na produção, mas o novo e a criação filosófico-conceitual.

A cada homem e a cada mulher cabe o desafio do tempo vivido no presente. Que o passado possa ser visto como aquele mestre que nos dá as lições e nos instiga a vivê-las por nossa própria conta. Viver enterrado no passado ou apenas no sonho da vida futura são apenas modos de deixar de viver, pois é o presente o que pede a nossa pertença.

Bibliografia

ARMIJOS PALÁCIOS, G. *De como fazer filosofia sem ser grego, estar morto ou ser gênio*. Goiânia: Ed. da UFG, 1997.

BARTHES, R. *Rumor da língua*. Trad. António Gonçalves. Lisboa: Ed. 70, 1987.

CABRERA, J. *Ousadia de pensar*. In: *Filosofia*. São Paulo: Escala, ano IV, ed. 52, out. 2010, p. 30-37.

CORREIA, W. *Saber ensinar*. São Paulo: EPU, 2006.

CORREIA, W. *Três teses sobre a docência.Revista Espaço Acadêmico*. Maringá: UEM, n. 97, junho 2009. Disponível em: <http://periodicos.uem.br/ojs/index.php/EspacoAcademico/ article/viewFile/7112/4137>. Acesso em: 30.03.2011.

DELEUZE, G. & GUATTARI, F. *O que é a filosofia?* Trad. B. Prado. Júnior & A. A. Muñoz. Rio de Janeiro: 1992.

EPICURO. *Carta sobre a felicidade*: a Meneceu. Trad. e apres. de Á. Lorencine. & E. Del Carrote. São Paulo: Editora Unesp, 2002.

FERREIRA, A. B. H. *Novo dicionário da língua portuguesa.* Rio de Janeiro: Nova Fronteira, 1975.

FOUCAULT, M. *Verdade e Poder.* In: *Microfísica do poder.* Rio de Janeiro: Graal, 2004.

FREIRE, P. *Pedagogia da autonomia*: saberes necessários à prática educativa. 15. ed. São Paulo: Paz e Terra, 2000.

GAUTHIER, C. *Por uma teoria pedagógica.* Juí: Unijuí, 1998.

KANT, I. *Crítica da razão pura.* 2. ed. Lisboa: Calouste Gulbenkian, 1989.

LA BOETIE, E. D. *Discurso da servidão voluntária.* Trad. L. G. dos Santos. São Paulo: Brasiliense, 1982.

LALANDE, A. *Vocabulário técnico e crítico da filosofia.* Trad. F. Sá Correia e outros. São Paulo: Martins Fontes, 1999.

LARROSA, J. *La experiencia de la lectura*: estúdios sobre literatura e formacion. Barcelona: Editorial Laertes, 1998.

PORTNOY, J. *The philosopher and music: a historical outline.* New York: Da Capo Press, 1980.

RAMOS, C. A. *Aprender a filosofar ou aprender a filosofia: Kant ou Hegel?Trans/Form/Ação.* São Paulo: Unesp, 30(2), 2007, p. 197-217.

RANCIÈRE, J.O *Mestre Ignorante*: cinco lições sobre a emancipação intelectual. Trad. L. do Valle.*Belo Horizonte:* Autêntica, 2002.

REBOUL, O. *Filosofia da Educação*. São Paulo: Companhia Editora Nacional, 1974.

RODRIGO, L. M. *Filosofia em sala de aula*: teoria e prática para o ensino médio. Campinas: Autores Associados, 2009.

TARDIF, M. & RAYMOND, D. *Saberes, tempo e aprendizagem do trabalho no magistério. Educação & Sociedade,* Campinas: Unicamp, n. 73, 2000, p. 209- 244.

＃ III Eixo

Educação Matemática e Formação de Professores

Capítulo 7

A formação do professor de matemática no CFP/UFRB: Contribuições da educação matemática

Adriana Richit[1]
José Dilson Beserra Cavalcanti[2]
Leandro do Nascimento Diniz[3]

Introdução

Este trabalho tem por finalidade contribuir para o debate acerca da formação de professores, enfocando, particularmente, a formação do professor de Matemática. Entendemos que tal

---

[1] *Licenciada em Matemática (URI), com Especialização em Matemática na mesma instituição e Mestrado e Doutorado em Educação Matemática (UNESP-Rio Claro). Foi professora adjunta em Ensino de Matemática no Centro de Formação de Professores da Universidade Federal do Recôncavo da Bahia no período 2010-2011. Atualmente, é adjunta em Ensino de Matemática na Universidade Federal da Fronteira Sul, Campus de Erechim, e Membro do Grupo de Pesquisa em Informática, outras Mídias e Educação Matemática (GPIMEM). E-mail: adrianarichit@gmail.com.*
[2] *Licenciado em Matemática (AESA/CESA-PE), com Especialização em Avaliação Educacional em Matemática (UFPE) e mestrado em Ensino de Ciências e Matemática (UFRPE). Ex-professor da UFRPE e do Centro de Formação de Professores da UFRB. Atualmente, é Professor da Universidade Federal de Pernambuco (UFPE). Líder do Grupo de Pesquisa Educação Matemática no Recôncavo da Bahia-GPEMAR; membro do Grupo Interdisciplinar de Química-GIC-UFRB e do Grupo de Pesquisa Fenômenos Didáticos na Classe de Matemática-UFPE. É co-autor dos livros* Educação Matemática na Bahia: panorama atual e perspectivas *(no prelo);* Didática da matemática: evolução histórica das ideias que influenciaram o ensino de matemática no Brasil *(2007) e* Pesquisa em Fenômenos Didáticos: Alguns Cenários *(2010), ambos publicados pela Editora Universitária da UFRPE.*
[3] *Licenciado em Matemática (UFBA), com Especialização em Educação Matemática (UCSal) e Mestrado em Educação Matemática (UNESP). Assistente em Ensino da Matemática no Centro de Formação de Professores da Universidade Federal do Recôncavo da Bahia. É organizador e co-autor do livro* **Grupo EMFoco:** *diferentes olhares, múltiplos focos e autoformação continuada de educadores matemáticos, publicado na parceria entre as Editoras Flecha do Tempo e Ciência Moderna. Membro do Grupo de Pesquisa Educação Matemática do Recôncavo da Bahia (GPEMAR), do Grupo Educação Matemática em Foco (EMFoco) e do Grupo de Pesquisa em Informática, outras Mídias e Educação Matemática (GPIMEM). E-mail: lndiniz@gmail.com.*

debate pode ser realizado com base em diferentes perspectivas. Portanto, esclarecemos que optamos por enfocar a Educação Matemática.

Posto isso, ressaltamos, inicialmente, que há um movimento de mudança no âmbito da Matemática, o qual é deflagrado pelas recentes concepções relativas à aprendizagem nessa disciplina (DOERR & WOOD, 2006). Entretanto, esses autores ressaltam que essas mudanças pressupõem a realização de estudos que produzam um repertório de conhecimentos sobre a prática docente, inspirados nas experiências dos profissionais da área que atuam em todos os níveis de ensino, de modo que esse conhecimento seja compartilhado, ampliado e ressignificado.

Compreendemos que o conhecimento mencionado por Doerr e Wood (2006) precisa mobilizar novos modos de pensar e promover a formação inicial e continuada de professores de Matemática, uma vez que o movimento de mudanças políticas, sociais e culturais tem impacto direto na escola, suscitando mudanças nas práticas dos professores e nos modos de produzir conhecimentos nessa área. Contudo, a evidência de que há algo errado nas licenciaturas é um problema recorrente no cenário da formação de professores de Matemática no Brasil (LIMA, 2005) tal como a incoerência entre a formação ofertada nas licenciaturas e o ensino de Matemática esperado dos professores na Educação Básica (CAVALCANTI, 2009).

Motivados por essas inquietações apresentamos algumas reflexões sobre a formação inicial do professor de Matemática, considerando aspectos que perpassam esse processo, como a nossa visão sobre o papel da Educação Matemática. Assim, neste trabalho, temos, na primeira seção, a contextualização da Educação Matemática como campo científico e profissional.

Em seguida, apresentamos brevemente a UFRB, o CFP e o curso de Licenciatura em Matemática, destacando seu papel social no Recôncavo e no Vale do Jiquiriçá da Bahia e suas possíveis contribuições para a área em nível nacional. Na seção seguinte discorreremos, em linhas gerais, sobre a implantação da Educação Matemática no CFP.

Na sequência abordaremos considerações sobre a formação do professor de Matemática. Também focamos o caso do CFP, destacando alguns avanços, e isso vem na penúltima seção.

Por fim, apresentamos algumas considerações finais apontando desafios referentes à formação do professor de Matemática no CFP.

A UFRB, o CFP e o curso de Licenciatura em Matemática

A Universidade Federal do Recôncavo da Bahia (UFRB) foi criada pela Lei 11.151 de 29 de julho de 2005, publicada no *Diário Oficial da União* de 01 de agosto de 2005, mediante o desmembramento da Escola de Agronomia da Universidade Federal da Bahia (UFBA). A UFRB é uma das treze novas instituições que integram o Programa de Expansão e Interiorização do Ensino Superior do Governo Federal. Esse programa de expansão pretende levar universidades públicas para aproximadamente 90 municípios brasileiros, sete deles na Bahia[4].

A UFRB é uma universidade de caráter *multicampi* que está organizada em cinco Centros, distribuídos em quatro municípios baianos (Cruz das Almas, Amargosa, Cachoeira e Santo Antônio de Jesus). O município de Amargosa abriga o *Centro de Formação de Professores* (CFP), cujas atividades foram iniciadas em outubro de 2006, com o ingresso de alunos em três cursos de Licenciatura: Física, Matemática e Pedagogia (diurno). Atualmente, o CFP

---
[4] *São eles: Vitória da Conquista e Barreiras, atendidos pela UFBA; Senhor do Bonfim e Juazeiro, atendidos pela UNIVASF; Amargosa, Cachoeira e Santo Antônio de Jesus, atendidos pela UFRB. Não está sendo computado aqui o município de Cruz das Almas, sede da reitoria da UFRB, que antes da criação desta Universidade sediava a Escola de Agronomia da UFBA. Também, não estão sendo considerados os municípios que pleiteiam campus da UFRB ou vem encaminhando discussões para a criação de outras IES Federais.*

conta com os cursos de Licenciatura em Pedagogia (diurno e noturno), Letras com habilitação em libras, Matemática, Química, Física, Filosofia e Educação Física, todos diurnos. Oferece, ainda, o curso de especialização em *Educação e Interdisciplinaridades*. Há, ainda, um movimento em prol da criação de um curso de mestrado no CFP.

Desde a sua instalação, que se seu em outubro de 2006, o corpo docente do CFP tem como preocupação central a compreensão do contexto onde se insere o *campus*, para, a partir daí, desenvolver estudos, pesquisas e atividades de extensão comprometidas com o fortalecimento do desenvolvimento regional, ancorado nos princípios do "empoderamento" comunitário, interdisciplinaridade, emancipação dos atores locais, transformação da realidade regional, entrelaçamento de saberes e a horizontalidade no que se refere à produção do saber como constituinte das relações entre universidade e sociedade.

Em outras palavras, a UFRB, criada sob a égide da interiorização e da institucionalização do ensino superior, prioriza, a partir da criação do *Centro de Formação de Professores*, o compromisso de investir e consolidar os cursos relacionados à formação de professores, diante da carência de professores com formação específica em várias áreas do saber e da demanda por formação continuada.

Nas regiões do Recôncavo e Vale do Jiquiriçá há expressiva carência de professores com formação específica para lecionar Matemática na Educação Básica. Considerando os dez municípios que compõem a DIREC-29, há um pequeno número de professores que leciona Matemática e que possui licenciatura na área. Nesse contexto, o curso de Licenciatura em Matemática do CPF/UFRB pode ser entendido como uma ação estratégica para a formação de professores, assumindo um papel relevante de caráter pedagógico e sociopolítico no CFP, na UFRB, no contexto local, Recôncavo e Vale do Jiquiriçá e no Estado da Bahia.

A saga da Educação Matemática no CFP/UFRB

Embora o curso de Licenciatura em Matemática do CFP/UFRB esteja inserido em um *Centro de Formação de Professores*, diversas dificuldades surgiram quando se tratou de conceber sua identidade. A equipe de professores fundadora desse curso, por exemplo, possuía uma tradição e um perfil acadêmico de formação em Matemática Pura. Com isso, não havia discussões e reflexões na perspectiva da Educação Matemática, assim como em relação às atividades formativas dessa natureza, ainda muito incipientes. Dessa maneira, podemos dizer que, no princípio, a Licenciatura em Matemática do CFP era permeada por uma concepção mais voltada para a formação puramente Matemática. Entendemos, porém, que na perspectiva da Educação Matemática, o Curso de Licenciatura deve propiciar a formação científica, pedagógica, holística e axiológica dos licenciandos, tendo como meta formar professores para educar *pela* Matemática, ao invés de *para* a Matemática.

O ingresso dos primeiros professores da área de Educação Matemática aconteceu somente no segundo semestre de 2008, dois anos após o início do Curso. Ao que tudo indica, o principal motivo que permitiu esse ingresso foi a necessidade de professores com formação para lecionar as disciplinas definidas como "pedagógicas", com enfoque na Educação Matemática, tais como Metodologia de Ensino da Matemática, Estágio Supervisionado, História da Matemática e Laboratório de Ensino. Esse aspecto evidencia uma concepção pragmática e dicotômica entre os *professores de Matemática* (autointitulados matemáticos puros) e os *educadores matemáticos*.

Dessa maneira, reproduz-se, em nível local, aquilo que já é clássico em âmbito mais geral, como o conhecido argumento "eu dou aula de Matemática, a parte pedagógica não é comigo", proferido por parte dos professores com formação em Matemática Pura, mas que lecionam nos cursos de licenciatura, fato que todos os docentes que foram professores deveriam perceber e notar "... que estão fornecendo 'modelos' do que é ser professor" (PIRES, 2002, p. 48).

Dentre tantos desafios para tornar a Educação Matemática uma realidade no CFP, destacamos o número limitado de professores da área (apenas dois em 2008). Assim, a primeira luta foi de natureza política, para garantir mais espaço no quadro docente do Curso de Licenciatura em Matemática do CFP para profissionais dessa área.

Apesar dessas dificuldades, foram conquistadas outras quatro vagas para a Educação Matemática, as quais vieram a ser preenchidas em um concurso realizado no primeiro semestre de 2009. Com isso, o segundo semestre de 2009 foi iniciado contando com a presença de seis docentes da área de Educação Matemática. No despontar de 2010, contamos com a nomeação de outra docente e, atualmente, dispomos de um novo docente para integrar o quadro, o qual foi aprovado em concurso realizado em meados de 2010.

Atualmente, o curso de Licenciatura em Matemática conta com dezesseis docentes, sendo oito com atuação em componentes curriculares da Matemática Pura, um em Estatística, um em Computação e sete em Educação Matemática. Em breve, abriremos novo edital para provimento de cargo efetivo para docente na área de Educação Matemática. Dessa maneira, teremos um total de vinte docentes, sendo oito educadores matemáticos.

A Educação Matemática enquanto campo científico e profissional

As preocupações acerca do ensino de Matemática são identificadas desde a Antiguidade (*República VII*, de Platão). A partir das três grandes revoluções da modernidade, a saber, Revolução Industrial (1767), Revolução Americana (1776) e Revolução Francesa (1789), é que tais preocupações começaram a tomar corpo (MIGUEL et al., 2004). Contudo, é apenas no despontar do século XX que se dá o início da consolidação da Educação Matemática como subárea da Matemática e da Educação, tendo como marco a criação da *Comissão Internacional de Instrução Matemática*[5] (ICMI), durante o *IV Congresso Internacional da Matemática*, realizado em 1908, em Roma. Nesse encontro foi constituído um Comitê que contou com o suíço Henri Fehr, o inglês George Greenhil e o alemão Felix Klein[6], sendo presidido pelo último (MIGUEL et al., 2004; D'AMBROSIO, 2008; CAVALCANTI & MENEZES, 2007). Atualmente, a ICMI permanece como uma das principais comissões internacionais relacionada ao ensino de Matemática.

Assim, a primeira metade do século XX pode ser considerada o período em que se estabeleceu um marco importante para a institucionalização da Educação Matemática como movimento que tenta, internacionalmente, fomentar e sistematizar a discussão sobre o ensino da Matemática em âmbito internacional. Na segunda metade do século XX, após influência da guerra fria entre Estados Unidos e União Soviética, a Educação Matemática passou por um momento significativo com o Movimento da Matemática Moderna (MMM), o qual impulsiona sua ampliação e consolidação.

Como consequência do MMM, diversos grupos de pesquisa surgiram, cujos membros atuavam como matemáticos, educadores e psicólogos. Tais grupos tinham como finalidade a reformulação do currículo escolar da Matemática. Dentre esses grupos, destaca-se o *School Mathematics Study Group*, dos Estados Unidos, que publicou livros didáticos e contribuiu para a disseminação do ideal modernista em diversos países. A criação dos primeiros programas de pós-graduação em Educação Matemática deu-se após esse período.

---
[5] International Comittee of Mathematical Instruction – *reconhecida pelas siglas ICMI e IMUK*.
[6] *Christian Felix Klein – professor da Universidade de Göttingen (Alemanha). Para mais informações sobre a história de Felix Klein e do ICMI, acessar: http://www.icmihistory.unito.it/portrait/klein.php.*

No Brasil, a Educação Matemática surgiu, também, a partir do MMM, por volta dos anos 1970 e 1980, fortalecendo-se, na década de 1980, graças à criação da *Sociedade Brasileira de Educação Matemática* (SBEM). Atualmente, a Educação Matemática é considerada um campo científico e profissional, pois é tanto uma área de pesquisa como de atuação prática (FIORENTINI & LORENZATO, 2006), constituída como uma interface na intersecção de diversos campos científicos (GODINO & BATANERO, 1998).

Entretanto, é importante considerar que embora a Educação Matemática possa estar na intersecção de vários campos científicos (Matemática, Psicologia, Pedagogia, Sociologia, Epistemologia, Ciências Cognitivas, dentre outras), ela possui seus próprios problemas e questões de estudo e pesquisa, e, dessa maneira, não cabe ser entendida como aplicação particular desses campos (FIORENTINI & LORENZATO, 2006). Em outras palavras, a Educação Matemática ocupa-se com as múltiplas dimensões da Matemática e seu ensino, olhando-as sob o viés da Psicologia, Sociologia, Pedagogia, Filosofia, entre outros.

Em síntese, a Educação Matemática constituiu-se como um importante campo de formação profissional e interlocução entre academia, escola e sociedade. Para o educador matemático, a Matemática não é entendida como algo pronto e acabado, e seu ensino não tem fim em si próprio. Nessa perspectiva, entendemos que a formação do professor de Matemática deve propiciar condições para que a Matemática possa ser compreendida como um meio para a formação do cidadão em suas múltiplas dimensões.

A formação do professor de Matemática

O movimento de estudos realizados por educadores matemáticos sobre o ensino e a aprendizagem da Matemática, abrangendo diferentes aspectos e dimensões, tem mobilizado reflexões sobre esse objeto de estudo, assim como tem deflagrado mudanças nos modos de pensar e promover o ensino da Matemática na escola e produzido novos entendimentos sobre a aprendizagem nessa área do conhecimento (RICHIT & MOCROSKY, 2009). Dentre esses estudos, há também aqueles que tratam das dimensões da formação profissional docente em Matemática, olhada na perspectiva das mudanças mencionadas em relação ao ensino e a aprendizagem da Matemática e abrangendo os diversos níveis de ensino.

Em um estudo em nível internacional, Silver (2006) aponta três dimensões cruciais que devem ser privilegiadas no processo de formação docente para atuação como um professor proficiente no ensino de Matemática. Primeiro, ele precisa ter um profundo conhecimento da Matemática do currículo escolar, bem como extracurricular. Tal competência se refere ao conhecimento conceitual para ensinar.

Em segundo lugar, esse autor entende que a proficiência em Matemática inclui um repertório fluente de procedimentos pedagógicos e a habilidade de planejar aulas e materiais didáticos. Igualmente, necessita avaliar de que forma as ações pedagógicas específicas influenciam na aprendizagem dos alunos. Quanto à terceira dimensão, Silver (2006) pondera que o docente precisa mobilizar-se para um aperfeiçoamento contínuo do conhecimento e do desempenho do indivíduo em sua condição de professor. Essa competência é denominada disposição produtiva para ensinar.

No Brasil, há um movimento de pesquisas que busca compreender a formação inicial docente em Matemática, contemplando diversas dimensões desse processo. Dentre esses, há pesquisas, tais como Moreira e Davi (2005), que mostram que historicamente os cursos de licenciatura estruturavam-se no modelo 3 + 1, paradigma esse no qual o futuro professor recebia três anos de formação matemática e um ano de formação pedagógica, priorizando, desse modo, o conhecimento disciplinar específico.

Esse modelo de formação sofreu modificações a partir dos anos 1970, quando houve uma intensificação das discussões em torno do papel social e político da Educação, nas quais enfatizava-se a valorização da formação pedagógica como forma de aproximar teoria e prática nos cursos de licenciatura. Uma das alternativas apresentadas foi a criação das disciplinas integradoras e que caracterizam o modelo de formação inicial vigente atualmente, tal como as disciplinas de Prática de Ensino, Estágio Supervisionado, entre outras.

Além disso, "a formação de professores no Brasil tem suscitado pesquisas diversas e discussões importantes em encontros e congressos. A questão é ampla, envolvendo as dimensões humanas, educacionais, técnicas, sociais, políticas e econômicas" (GAERTNER, 2009, p. 02). A autora argumenta, também, que a legislação educacional brasileira, desde a aprovação da *Lei de Diretrizes e Bases da Educação Nacional* (LDBEN), em 1996, vem atendendo às orientações de estudiosos que defendem a necessidade de unidade entre a teoria e a prática.

Hoje, as *Diretrizes Curriculares Nacionais para os Cursos de Matemática* (BRASIL, 2002) norteiam a produção dos projetos políticos dos cursos de licenciatura em Matemática. Além dos componentes curriculares da Matemática e da Educação, prevê a importância da Educação Matemática nessa formação, introduzindo componentes curriculares como Estágio Supervisionado, Laboratório de Ensino da Matemática, e outros. Desse modo, conforme propõe Pires (2002), os cursos de Licenciatura em Matemática deveriam primar não pela simples escolha de um conjunto de componentes curriculares para o curso, mas, sim, priorizar as competências e habilidades que precisam ser desenvolvidas pelos futuros professores.

Por exemplo, as *Diretrizes Curriculares* propõem que os licenciandos possuam competências e habilidades para relacionar a Matemática a outras áreas do conhecimento (BRASIL, 2002). Dessa forma, a matriz curricular dos cursos deve ter componentes curriculares que permitam aos graduandos reflexões sobre essas possibilidades. Uma tendência da Educação Matemática já enfoca essas possibilidades: a Modelagem Matemática, sendo, portanto, proposta em consonância com as *Diretrizes* a sua presença nos cursos de Licenciatura em Matemática.

Dentre as competências e habilidades preconizadas pelas *Diretrizes Curriculares*, a realização de *pesquisa em sala de aula* tem sido muito enfatizada na literatura em formação de professores. O surgimento dessa tendência está associado a muitas razões, dentre elas os problemas que permeiam o ensino da Matemática nas escolas de educação básica.

No entanto, historicamente, o ensino da Matemática é marcado por problemas, como a falta de interesse dos alunos e as dificuldades de aprendizagem. Contudo, esses aspectos se manifestam de forma diferenciada em contextos distintos. Nessa linha, distintos entendimentos podem ser apresentados para essas dificuldades em virtude do contexto no qual são observadas, aspecto esse que evidencia a necessidade e a relevância do professor investigar a sua prática docente, refletindo sobre ela e experimentando novas práticas (RICHIT, 2010).

Nesse viés, as pesquisas em Educação Matemática apontam a reflexão como uma possibilidade de superação de preconceitos e pré-concepções, bem como sinalizam possibilidades que as pesquisas trazem para as aulas de Matemática. Nessa direção, Paulo Freire afirma que a implementação de mudanças na escola não é fácil, mas temos que perceber que é possível mudar. D'Ambrosio, por sua vez, afirma que nenhum professor está preparado para enfrentar o novo. Para isso, ele tem de aceitar o desafio de se envolver em situações que propiciem esse pensar sobre a prática, manifestando, para tanto, coragem e ousadia.

Sobre isso, Perez (1999) considera dois tipos de reflexão possíveis na prática docente: *reflexão-na-ação* e *reflexão-sobre-a-ação*. A reflexão-na-ação ocorre na prática de sala de aula, na qual muitas vezes há improvisos, modificação de planejamentos, enfim, tomam-se decisões para situações não previstas. A reflexão-sobre-a-ação ocorre quando há sistematização do pensamento produzido na ação. Assim, "o *professor pesquisador* e *reflexivo* é o profissional que consegue incorporar o ensino adquirido pela sua experiência, assim como pela experiência dos colegas" (PEREZ, 2004, p. 261).

É nesse contexto que a Educação Matemática se faz presente e assume relevância, pois é preciso formar o professor de Matemática em uma perspectiva que lhe propicie um amplo leque de possibilidades e para que ele possa refletir sobre a prática docente, buscando identificar caminhos para mudanças possíveis e viáveis.

As tendências presentes na literatura em Educação Matemática, sobre modos de pensar e promover o ensino e a aprendizagem da Matemática na escola têm motivado mudanças na estrutura dos Cursos de Licenciatura em Matemática, assim como têm modificado as atividades formativas no âmbito desse Curso no CFP/UFRB. Tais mudanças têm favorecido a formação crítica dos licenciandos e uma visão abrangente e reflexiva sobre o ensino e a aprendizagem da Matemática.

A Educação Matemática na formação do professor de Matemática no CFP

Com base no que foi discutido ao longo deste capítulo, consideramos que as práticas formativas promovidas no Curso de Licenciatura em Matemática do CFP têm sinalizado avanços em termos da formação inicial docente em Matemática, visto que estão em sinergia com várias tendências atuais da Educação Matemática, tais como, História da Matemática, Modelagem Matemática, Etnomatemática, Tecnologias da Informação e Comunicação e Educação Matemática, Formação de Professores, Didática da Matemática, entre outras.

A influência da Educação Matemática no curso de Licenciatura em Matemática do CFP vem se materializando nas atividades de ensino, pesquisa e extensão, promovidas pelos docentes com formação na área, garantindo um espaço de formação que integre teoria e prática, e articulação entre academia, escola e sociedade.

No que diz respeito às atividades de ensino, o licenciando em Matemática cursa componentes curriculares, que os educadores matemáticos do CFP/UFRB ministram ou já ministraram: Introdução aos Estudos Acadêmicos, Introdução ao Cálculo, Desenho Geométrico, Geometria Dinâmica, História da Matemática e Ensino, Metodologia do Ensino da Matemática, Laboratório de Ensino da Matemática, Tecnologias da Informação e Comunicação no Ensino da Matemática, Modelagem Matemática e Ensino, Laboratório de Pesquisa, Trabalho de Conclusão de Curso e os componentes referentes ao Estágio Supervisionado, entre outras.

Além desses componentes obrigatórios, os alunos do Curso de Matemática do CFP/UFRB têm a possibilidade de cursar componentes optativos, também lecionados por educadores matemáticos, tais como, Tópicos Especiais em Educação Matemática, Construção de Conceitos Geométricos na Educação Básica, Introdução à Álgebra Escolar e Didática da Matemática. Esses componentes curriculares permitem a participação e a contribuição dos educadores matemáticos perpassando todos os semestres do curso. Acreditamos que por meio de tais práticas é possível propiciar um espaço para discussão e reflexão sobre aspectos que permeiam os processos de ensino (natureza pedagógica) e aprendizagem (natureza cognitiva) da Matemática (natureza epistemológica), mas, sobretudo, propiciar uma formação plena que permita perceber o papel da Matemática na formação do cidadão, meta principal do ensino de Matemática.

O grupo de educadores matemáticos do CFP tem contribuído, também, para diversas atividades de extensão, promovidas no âmbito do Centro, bem como para a organização de eventos regionais e nacionais. Na organização de eventos destacamos a participação na *II Semana de Matemática e Física da UFRB* (II SEMAF), no *II Congresso de Pesquisadores do Recôncavo Sul* (II COPERSUL), na primeira palestra internacional do CFP[7], no *Comitê Executivo Nacional do X Encontro Nacional de Educação Matemática* (X ENEM) e na *Reunião Regional da Sociedade Brasileira para o Progresso da Ciência* (SBPC).

Além dessas ações, temos outras que demonstram o reconhecimento da importância do grupo de educadores matemáticos do CFP, entre as quais, destacamos os programas *Gestão da Aprendizagem Escolar – Matemática* (GESTAR II), o *Plano de Ações Articuladas de Formação de Professores da Educação Básica* (PARFOR) e o *Programa Institucional de Bolsa de Iniciação à Docência* (PIBID). E mais, o CFP sediará o próximo *Encontro Baiano de Educação Matemática* (XIV EBEM), que acontecerá em julho de 2011 na cidade de Amargosa, BA.

No que diz respeito às atividades de pesquisa, temos a participação dos educadores matemáticos no *Grupo de Pesquisa Educação Matemática no Recôncavo da Bahia* (GPEMAR)[8], certificado pelo CNPq e liderado pelo Prof. José Dilson Cavalcanti. Atualmente, participam do GPEMAR oito pesquisadores e um aluno de iniciação científica. O grupo congrega linhas de pesquisa tais como: *Ensino e Aprendizagem da Matemática, Formação de Professores de Matemática, História e Educação Matemática, Modelagem Matemática, Tecnologias da Informação e Comunicação*, dentre outras.

O GPEMAR é estratégico na região do Recôncavo da Bahia em virtude do compromisso assumido com a formação em Educação

---

[7] *A primeira palestra internacional do CFP foi proferida pelo prof. Dr. Jean-Claude Regniér da Université Lumière Lyon 2, sendo organizada pelo prof. José Dilson B. Cavalcanti do CFP/UFRB.*

[8] *As reuniões do Grupo ocorrem quinzenalmente e questões relacionadas à pesquisa em Educação Matemática e ações extensionistas aos alunos e professores da região são discutidas. Disponível em: <http://dgp.cnpq.br/buscaoperacional/detalhegrupo.jsp?grupo=I22A708V7HOYS1>.*

Matemática dos alunos do Curso de Matemática do CFP e com a formação de professores na região abrangida pela UFRB. Para tanto, mantém parcerias com pesquisadores de outros grupos de pesquisa da UFRB, bem como de diversas universidades, como a UESC, UFPE, PUC-SP, UNESP (Rio Claro) e da Universidade de Barcelona, Espanha.

Hoje, há diversos projetos de pesquisas registrados no CFP/UFRB, nos quais membros do GPEMAR estão envolvidos como coordenadores ou colaboradores. Nesses, alunos do Curso de Licenciatura em Matemática do CFP realizam atividades de iniciação científica. Um deles, intitulado *Pesquisa em Formação Inicial e Continuada de Professores de Matemática: aproximando universidade e escola*[9], sob a coordenação da Profa. Dra. Adriana Richit, objetiva favorecer a formação docente, nas dimensões inicial e continuada, articulando ações de ensino, pesquisa e extensão. Há, ainda, um projeto de pesquisa referente ao estudo das concepções de alunos do ensino fundamental sobre o significado do símbolo "=" na transição aritmética-álgebra, projeto esse aprovado no EDITAL PIBIC/UFRB/CNPq/FAPESB 2009/2010[10] e coordenado pelo Prof. Dílson Beserra Cavalcanti.

Há outros três projetos, que são associados às pesquisas de doutorado de membros do Grupo GPEMAR. São eles: *Modernização da matemática escolar na Bahia: lembranças dos ex-alunos da Escola de Aplicação da UFBA (1949-1976)*, proposto pelo Prof. Diogo Franco Rios, *A educação sócio-política na escola: limites e possibilidades no âmbito de ensino da Matemática,* proposto pelo Prof. Nilson Antônio Roseira, *As construções geométricas e a gênese instrumental: o caso da mediatriz de um segmento*, proposto pelo Prof. Gilson Bispo de Jesus.

---
[9] *Projeto proposto e coordenado pela profa. Dra. Adriana Richit, docente de Ensino de Matemática do CPF/UFRB. Participam desse projeto dois alunos do Curso de Matemática.*
[10] *Projeto coordenado pelo prof. José Dílson Beserra Cavalcanti, que conta com a participação de um aluno de iniciação científica, o estudante Emerson dos Santos Pinheiro de Matos do Curso de Matemática.*

Esses projetos asseguram a formação para a pesquisa dos licenciandos envolvidos e novos entendimentos sobre a prática docente em Matemática.

Além disso, há pesquisadores do GPEMAR colaborando para dois projetos de pesquisa externos à UFRB, os quais são financiados pelos órgãos de fomento CNPq e FAPESB. São eles: projeto *Investigando o ensino-aprendizagem da álgebra escolar sob a ótica dos fenômenos didáticos: o caso das equações de primeiro grau*[11], coordenado pelo prof. Dr. Marcelo Câmara dos Santos da UFPE e financiado pelo CNPq, e o projeto *Um estudo sobre o domínio das Estruturas Aditivas nas séries iniciais do ensino fundamental no estado da Bahia*[12], coordenado pela Prof. Dra. Eurivalda Ribeiro dos Santos Santana, da UESC, e financiado pela FAPESB.

Esse é o caminho percorrido pela Educação Matemática no âmbito do CFP desde sua criação. Entretanto, há muitos desafios a enfrentar para modificarmos a concepção predominante no que se refere ao ensino e aprendizagem da Matemática e a formação do futuro professor de Matemática, bem como para a concretização do papel social da Educação Matemática nesse contexto e da UFRB na região em que se insere.

Considerações Finais

As ações de ensino, pesquisa e extensão descritas ao longo deste capítulo evidenciam as contribuições da Educação Matemática na formação do professor de Matemática no âmbito do CFP/UFRB. Diante disso, acreditamos que avançamos de modo significativo nesse aspecto, mas ainda temos muito a fazer, uma vez que nos comprometemos com a formação em Educação Matemática dos nossos estudantes, futuros professores de Matemática.

---

[11] Esse projeto conta com a colaboração do Prof. José Dílson Beserra Cavalcanti.
[12] Esse projeto conta com a colaboração dos professores Teresa Cristina Etcheverria e Leandro do Nascimento Diniz.

Um dos desafios que se apresentam é compreender como a formação matemática se concretiza no contexto da Educação a Distância ou em ambientes informatizados de aprendizagem (RICHIT & MALTEMPI, 2005). Na comunidade de Educação Matemática, por exemplo, um dos focos de investigação repousa nas possibilidades advindas dessa modalidade de educação para a formação docente e, principalmente, na qualidade e natureza das modificações que se manifestam nas formas de produzir Matemática em tais ambientes. Do mesmo modo, a Educação Matemática assume relevante papel no processo de qualificação da educação promovida no âmbito das escolas públicas (RICHIT, 2010) da região do recôncavo.

Diante disso, acrescentamos que há, ainda, diversos aspectos que precisam ser (re)pensados quanto ao desenvolvimento profissional dos futuros professores que formamos no curso de Licenciatura em Matemática do CFP, buscando ampliar as ações promovidas e qualificar essa formação. Com isso, questões relativas à formação matemática do licenciando e ao modo como a Matemática é aprendida pelo futuro professor da Educação Básica tem norteado as discussões e práticas dos educadores matemáticos do CFP.

Isso posto, ressaltamos o relevante papel da Educação Matemática nessas discussões e a necessidade de buscarmos estruturar os cursos de licenciatura em sintonia com as necessidades sociais e culturais da região abrangida pelo CFP/UFRB. É nessa perspectiva que sinalizamos para a necessidade de mudanças no âmbito do Curso de Licenciatura em Matemática do CFP, visando promover a formação dos profissionais que atuam e atuarão em escolas de educação básica no Vale do Jiquiriçá, considerando a especificidade desse contexto.

Em síntese, preconizamos a urgência de haver uma revisão nos planos de cursos dos componentes curriculares ministrados no Curso de Licenciatura em Matemática do CFP, particularmente em Educação Matemática, visando a contemplar as necessidades sociais e culturais da região abrangida pelo CFP, as mudanças sociais que impactam na escola e os cursos de formação de professores e, também, buscando evitar repetições de conteúdos programáticos abordados e contemplar novas tendências e temáticas.

É nessa proposta de constante mudança e atualização que acreditamos ser adequada para a formação de professores de Matemática do CFP, particularmente na formação de questões ligadas ao ensino e à aprendizagem da Matemática e à formação para a prática docente.

Bibliografia

BRASIL. *Diretrizes curriculares nacionais para cursos de matemática*. Parecer CNE/CES 1032/2001. Brasília: Ministério da Educação/Conselho Nacional de Educação. 2002.

CAVALCANTI, J. D. B. & MENEZES, J. E. *Uma reflexão sobre o ensino de matemática na primeira metade do século XX*. In: MENEZES, J. E. (Org.). *Didática da matemática*. v.4. Recife: Editora Universitária da UFRPE, 2007, p. 31-44.

CAVALCANTI, J. D. B. Um olhar sobre o desencontro entre o ensino de matemática ofertado na licenciatura e o esperado pelo futuro professor de matemática da educação básica. *Semana de Educação Matemática da UESB*. Mesa-redonda Formação de Professores de Matemática (27 de maio de 2009). Universidade Estadual do Sudoeste da Bahia, Vitória da Conquista, 2009.

D'AMBROSIO, U. *Uma história concisa da matemática no Brasil*. Petrópolis: Vozes, 2008.

DOERR H. M. & WOOD, T. *Pesquisa-projeto: aprendendo a ensinar matemática.* In: BORBA, M. C. (Org.) *Tendências internacionais em formação de professores de matemática.* Belo Horizonte: Autêntica, 2006.

FIORENTINI, D. & LORENZATO, S. *Investigação em educação matemática: percursos teóricos e metodológicos.* Campinas: Autores Associados, 2006.

GAERTNER, R. *Prática de ensino e estágio supervisionado na formação do professor de matemática. Revista Eletrônica de Educação Matemática*.v. 46, UFSC, 2009, p. 67-77.

GODINO, J. D. & BATANERO, C. *Clarifying the meaning of mathematical objects as a priority area of research in mathematics education.* In: SIERPINSKA, A. & KILPATRICK, J. (Org.). *Mathematics education as a research domain.* Dordrecht: Kluwer, 1998, p. 177-195.

LIMA, P. F. *Há algo errado nas licenciaturas?* I Colóquio em Epistemologia e Pedagogia das Ciências. *Anais.* Pontifícia Universidade Católica do Rio de Janeiro. Rio de Janeiro: PUC-RJ, 2005.

MIGUEL, A.; GARNICA, A. V. M.; IGLIORI, S. B. C. & D'AMBROSIO, U. *Educação matemática: breve histórico, ações implementadas e questões sobre sua disciplinarização. Revista Brasileira de Educação.* v. 27, 2004, p. 70-93.

MOREIRA, P. C. & DAVID, M. M. S. *A Formação matemática do professor: licenciatura e prática docente escolar.* Belo Horizonte: Autêntica, 2005.

PEREZ, G. *Formação de professores de Matemática sob a perspectiva do desenvolvimento profissional.* In: BICUDO, M. A. V. (Org.). *Pesquisa em educação matemática:* concepções e perspectivas. São Paulo: Editora UNESP, 1999, p. 263-282.

PEREZ, G. *Prática reflexiva do professor de matemática.* In: BICUDO, M. A. V. & BORBA, M. C. (Org.). *Educação matemática:* pesquisa em movimento. São Paulo: Cortez, 2004, p. 250-263.

PIRES, C. M. C. *Reflexões sobre os cursos de licenciatura em matemática, tomando como referência as orientações propostas nas Diretrizes Curriculares Nacionais para a formação de professores da educação básica. Educação Matemática em Revista.* Ano 9, n. 11a, edição especial, 2002, p. 44-56.

RICHIT, A. & MALTEMPI, M. V. *A Formação profissional docente e as mídias informáticas: reflexões e perspectivas. Boletim Gepem - Grupo de Estudos e Pesquisas em Educação Matemática.* Rio de Janeiro, n.47, v. 2, jul./dez. 2005, p. 73-90.

RICHIT, A. *Apropriação do Conhecimento Pedagógico-tecnológico em Matemática e a Formação Continuada de Professores.* 279 f. 2010. Tese (Doutorado em Educação Matemática). Universidade Estadual Paulista, Rio Claro, 2010.

RICHIT, A. & MOCROSKY, L.F. *Prática Docente em matemática pautada no uso de tecnologias: interlocuções a partir de dois estudos.* Congresso Ibero-Americano de Educação Matemática-CIBEM, 6, 2009, Puerto Montt. *Anais...,* 2009.

SILVER, E. A. *Formação de professores de matemática*: desafios e direções. *Bolema,* v. 19, n. 26, 2006.

IV Eixo

Educação Física e Formação de Professores

Capítulo 8

A Lei n° 10.639/03 e a educação física: Reflexões sobre a educação eugênica nas políticas educacionais e formação de professores[1]

Anália de Jesus Moreira[2]

Introdução

Este texto apresenta reflexões sobre a historicidade da Educação Física no Brasil, considerando a validade política da Lei n° 10.639/03. Essa lei foi promulgada no ano de 2003 e obriga a inclusão do ensino da história e da cultura afrobrasileira e africana nos currículos das escolas de Ensino Fundamental e Médio. O texto foi escrito com base em um dos capítulos da minha pesquisa[3] de mestrado, finalizado em 2008, na Faculdade de Educação da Universidade Federal da Bahia. A completude do trabalho reforçou a necessidades de aprofundamento dos estudos etnicorraciais no campo da Cultura Corporal como condição elementar para que

---

[1] *Esse texto, revisto para compor esta obra, foi publicado na Revista EFDPortes.com*, Revista Digital – Buenos Aires – ARG, *año 15 – n. 146 – Julio de 2010. Baseia-se na minha dissertação de Mestrado, finalizada em 2008, na Faculdade de Educação da Universidade Federal da Bahia.*
[2] *Graduada em Licenciatura Plena em Educação Física (UCSAL), Especialista em Metodologia da Educação Física e Esporte Escolar (UNEB), Mestra e Doutoranda em Educação pelo Programa de Pós-Graduação em Educação da Universidade Federal da Bahia. É professora assistente do Centro de Formação de Professores da Universidade Federal do Recôncavo da Bahia. E-mail: nanamoreiraam@hotmail.com.*
[3] *Trata-se da pesquisa "A Cultura Corporal e a Lei n° 10.639/03: um estudo sobre os impactos da lei no ensino da Educação Física nas escolas de Salvador", finalizada em 2008, na Faculdade de Educação da Universidade Federal da Bahia, sob a orientação da Profª Drª. Maria Cecília de Paula Silva.*

professores e alunos de Educação Física pudessem compreender, à luz da história, os desafios propostos pela Lei 10.639/03.

Para isso, foi necessária uma análise do percurso histórico da Educação Física brasileira, cujo recorte foi feito entre os anos de 1920 e 1940, considerando que essas ocorrências estabeleceram relações entre a educação física e as políticas e ideologias de embranquecimento[4] da pedagogia, ajudando a consolidar práticas eugênicas. Tratamos, portanto, do desvelamento das relações entre Educação Física, eugenia e formação de professores, objetivando compreender as possibilidades dessa área do conhecimento na aplicação da Lei nº 10.639/03. Foi preciso, também, analisar as ocorrências históricas da Educação Física no Brasil para desvelar os traços e os ranços deixados pela educação eugênica no percurso histórico do conhecimento sobre Educação Física.

O termo eugenia foi assumido, cientificamente, por Francis Galton, em 1883, no livro *Inqueires into human faculty*. Influenciado por obras do seu primo, Charles Darwin, Galton defendeu que a capacidade humana está mais associada à hereditariedade que à educação, e a eugenia foi, então, descrita como "ciência" que lida com todas as influências que melhoram as qualidades natas de uma raça.

Nas escolas brasileiras, as heranças e concepções de Francis Galton sobre eugenia e higienia foram mais largamente difundidas nas décadas de 1930 e 1940, quando os princípios eugênicos colaboraram para orientar as políticas estruturais de saúde e educação. Esclareço que essa análise de tempo procura situar o recorte metodologicamente traçado: a Educação Física e a eugenia. Diante disso, necessário se faz considerar os fatos históricos como elementos não voláteis. Embora meu recorte seja das décadas de

---

[4] *Refere-se ao processo composto por metodologia, abordagens e ideologias implantado no Brasil tendo como bases os referenciais eurocêntricos no campo da Educação e que influenciaram na formação de professores no Brasil.*

1920 até 1940, por vezes, recorro a fatos anteriores e posteriores que se ligam em termos contextuais.

A Lei nº 10.639/03: pressupostos e propostas para a educação brasileira

A Lei nº 10.639, promulgada em 09 de janeiro de 2003, surgiu do Projeto de Lei nº 259 de 1999, de autoria dos deputados Pilar Esther Grossi (PT-RS) e Benhur Ferreira (PT-MS), substitutivo do Projeto de lei do deputado Humberto Costa. A lei alterou a *LDBEN* nº 9394/96, os *Parâmetros Curriculares Nacionais* e tornou obrigatório o ensino da *História e Cultura Africana e Afrobrasileira* nas escolas de Ensino Fundamental e Médio de todo o país, configurando-se, atualmente, em instigante fonte de debates por colocarem no centro da discussão nossas etnicidades.

A proposta é de problematizar questões identitárias, como a ancestralidade e a cultura, sugerindo para esses pilares a utilização de novas matrizes teóricas que contemplem outros olhares sobre o processo histórico da cultura afrobrasileira.

> Se nossa sociedade é plural, étnica e culturalmente, desde os primórdios de sua invenção pela força colonial, só podemos construí-la democraticamente respeitando a diversidade do nosso povo, ou seja, as matrizes étnico-raciais que deram ao Brasil atual sua feição multicolor composta de índios, negros, orientais, brancos e mestiços (BRASIL, 2005, p. 17-18).

A Lei, bastante sucinta para a tradição legislativa brasileira, se estabelece nos seguintes artigos:

> Art. 26 – A. Nos estabelecimentos de ensino fundamental e médio, oficiais e particulares, torna-se obrigatório o ensino sobre História e Cultura Afrobrasileira.

§ 1º O conteúdo programático a que se refere o caput deste artigo incluirá o estudo de História da África e dos Africanos, a luta dos negros no Brasil, a cultura negra brasileira e o negro na formação da sociedade nacional, resgatando a contribuição do povo negro nas áreas social, econômica e política pertinentes à História do Brasil.
§ 2º Os conteúdos referentes à História e Cultura Afro-Brasileira serão ministrados no âmbito de todo o currículo escolar, em especial nas áreas de educação Artística e de Literatura e História Brasileiras.
Art. 79-B. O calendário escolar incluirá o dia 20 de novembro como "Dia Nacional da Consciência Negra".
Art.2º Esta Lei entra em vigor na data de sua publicação.
Brasília, 9 de janeiro de 2003; 182º da Independência e 115º da República.

Em 10 de março de 2008, foi assinada a Lei nº 11.645/08 para, também ela, incluir, como obrigatórias no ensino básico a, história e a cultura dos índios brasileiros. Sem revogar a Lei nº 10.639/03, a Lei nº 11.645/08 reitera a atenção para a significação etnicorracial indígena ao lado dos povos africanos na formação do povo brasileiro.

1930-1940- marco da educação pública brasileira

Considerados profícuos para a educação brasileira, os anos 1930 -1940 – são refletidos na contemporaneidade como marcos da educação pública no país. Os pilares sobre os quais foram construídos os pensamentos educacionais da época validam essa perspectiva. Ideologicamente, o Estado Novo se justificou apoiando-se na visão macro de realidade com fulcro na economia, na política e no social, elevando sentimentos de antiliberalismo, antitotalitarismo e o nacionalismo, bases de contraposição do "sufrágio internacional", principalmente nas questões relacionadas à Itália, Alemanha e Rússia e a seus regimes totalitários, cujos modelos não se encaixavam na realidade brasileira.

De modo geral, o pensamento educativo do Estado Novo ambicionava um sentido amplo de função educativa, formatado não apenas nas bases pedagógicas, mas, sobretudo, em elementos coletivos como consciência cívica e moral, cujo centro era a valorização das elites intelectuais e seus papéis. Os traços e ranços da ideologia eugênica prevaleceram nas políticas públicas e na produção de recursos pedagógicos nas décadas de 1950 e 1960, principalmente em livros e vídeos. Algumas das consequências geradas por essa postura pedagógica foi a massificação de teorias não críticas na educação, as quais evidenciavam a superioridade intelectual, moral e cívica dos considerados brancos.

No ano de 1923, ocorreu a fundação da Liga Brasileira de Higiene Mental, por Gustavo Riedel, com fortes influências no sistema educacional brasileiro. O objetivo dessa liga era "... erradicar a identidade cultural daqueles que frequentavam as macumbas e os centros de feitiçaria", gente considerada pelos higienistas, como "grupos sociais atrasados em cultura" (SANTANA, 2006, p. 43).

Tais posturas ideológicas tinham firmamento teórico nas aspirações por uma raça superior "ariana", ambicionada pelas ideologias nazistas. Educadores influentes, a exemplo do professor Fernando de Azevedo (1918), defendiam uma ligação simbiótica entre cultura atlética ou Educação Física e a eugenia. Membro da Sociedade Eugênica de São Paulo, Azevedo pregava a regeneração da raça brasileira por meio de um controle corporal, segundo Soares: "Fernando de Azevedo entendia a eugenia como uma ciência capaz de intervir no meio ambiente físico, valendo-se dos avanços conseguidos pela engenharia sanitária, para exercer uma ação higiênica, educacional e sexual" (2004, p. 120-121).

Outro exemplo marcante da afirmação eugênica na educação brasileira foi dado no período entre 1933-1938, quando da criação do *Instituto de Pesquisas Educacionais* (IPE). A base científica do IPE se apoiava na realização de testes de inteligência, físicos e psicológicos, que serviam para apartar alunos por turmas, determinando conceitos de "fracos, fortes, brancos, negros". A reforma Francisco Campos (1931) pode ser considerada um marco na elitização do ensino secundário. Estruturando o ensino em duas etapas: cinco anos para o fundamental e outros dois anos preparatórios para o ensino superior, com rigidez avaliativa, a reforma tinha forte impacto na "formação identitária do país". Por meio da disciplina História, Campos evidenciava a unidade nacional, destacando a questão etnicorracial e a busca das origens do povo brasileiro. No contexto exigido pela reforma, o negro era o "dominado pelo colonizado", conforme afirma Abud:

> Ele sempre era tratado como mercadoria, produtor de outras mercadorias. Enquanto ao índio se conferia o estatuto de contribuição racial, os livros didáticos salientavam a importância do africano para a vida econômica do país, mas procuravam mostrar que a negritude estava sendo diluída pela miscigenação (ABUD, 1998, p. 3).

No período do Estado Novo, 1937-1945, as práticas elitistas na educação foram ampliadas por meio da reforma Gustavo Capanema, a qual demarcou os tipos de educação e cultura no país com base nas representatividades de classes cultas e subcultas, pobres e ricas. Um dos marcos da reforma Capanema foi a instituição de educação intelectualizada e educação profissionalizante.

O Brasil foi o primeiro país sulamericano a ter um movimento eugenista organizado, a partir da criação da Sociedade Eugênica de São Paulo, de 1918, responsável pelos primeiros trabalhos sistematizados na área. Nome central dessa sociedade é do médico Renato Ferraz Kehl. Entre 1917 e 1937, Kehl foi ativo no movimento, publicou livros e fez palestras em todo o país. Em seu livro de 1923, intitulado *Por que sou eugenista*, Kehl afirma ser necessário "instruir, eugenizar e sanear". O movimento eugênico atuou junto à saúde pública e ao saneamento, bem como junto à psiquiatria e à "higiene mental", ao longo das décadas de 1920 e 1930.

Capítulo 8 - A Lei nº 10.639/03 e a educação física: Reflexões sobre a educação eugênica nas... | 143

Sobre a eugenia no referido período, é preciso dimensionar seus efeitos na contemporaneidade: segundo D'Avila, "A Ciência da eugenia forneceu uma ponte entre a ideologia racial e a cultura popular, definindo uma cultura de pobreza" (2006, p. 93), reiterando o elo da diretriz eugênica nos anos de declínio da era Vargas, a qual foi considerada

> "... tão forte que resistiu por mais tempo do que o apoio oficial à ciência que a orientou", levando o autor a concluir que, apesar do fato de que... a eugenia tivesse perdido a legitimação, após o fim da Segunda Guerra Mundial, as instituições, práticas e pressuposições que ela criou persistiram" (DÁVILA, 2006, p. 93).

Penso que a eficácia da ideologia eugênica encontrou ressonância entre as instituições escolásticas e as práticas políticas e decretou para a epistemologia afrobrasileira uma posição fronteiriça entre a acomodação e a resistência. Considero, desse modo, que um dos grandes debates provocados pela Lei nº 10.639/03 no ensino da Educação Física se detém no problema do percurso epistemológico dessa área. A Educação Física brasileira tem sua origem ligada às instituições militares e à classe médica e essa relação se assumiu como simbiótica também na pedagogia.

Pregando a educação do corpo e tendo como modelo de perfeição um físico saudável e equilibrado organicamente, a origem da Educação Física associa-se a médicos higienistas que buscavam modificar os métodos de higiene da população. Essas diretrizes assumiram importância vital na construção da matriz racista e na ideologia racial brasileira, formulada e difundida no século XIX.

Sobre esse aspecto, Oliveira (2004, p. 98), deixa a entender que as passagens históricas mais importantes da Educação Física no Brasil revelam a estreita relação entre Educação Física, adaptação e pensamento dominante. Diz-nos esse autor que: "Um dos exemplos mais enfáticos é o da formação de associações civis destinadas a "prestar culto à pátria"." Soam bem significativos os modelos do tipo "Juventude Hitlerista", "Juventude Brasileira", "Mocidade Portuguesa", "Juventude Comunista", entre outras.

Essas instituições tinham a tarefa primária de incentivar o patriotismo e o nacionalismo, respaldadas nas ideologias de servilismo político, moral e físico. É oportuno pontuar que a eugenia no Brasil considerou a Educação Física como estratégica na difusão e organização de suas práticas. Posso sintetizar o pensamento eugênico descrevendo, brevemente, a realização no Rio de Janeiro, em 1929, do *I Congresso Brasileiro de Eugenia,* no qual se firmou a ideia de que a Educação Física ajudaria a "regeneração e o revigoramento da raça brasileira":

> Apresentando o tema "Da educação physica com o fator eugênico e sua orientação no Brasil", o Dr. Jorge de Moraes registra as seguintes conclusões: 1º - A bem da saúde e desenvolvimento da raça, o 1º Congresso Brasileiro de Eugenia apela para a classe médica a fim de aprofundar a cultura nacional no que diz respeito às bases e orientações científicas da Educação Physica a começar pela escolha do método apropriado aos brasileiros e seu clima (SOARES, 2004, p. 119).

As bases da construção histórica da Educação Física favoreceram aos interesses eugenistas. Afora o processo pedagógico, atento para o fato de que os métodos francês e sueco de ginástica, largamente difundidos no Brasil, foram eficazes para os ideais de corpo mecânico e disciplinado. A esportivização, por sua vez, abraçava a ideia de superioridade branca, apoiada na imagem helênica corporal, mitologicamente ambicionada.

> Deste modo, a história da disciplina Educação Física aponta para um distanciamento do corpo negro, na medida em que o corpo idealizado pela Educação Física partiu da imagem corporal dos gregos, portanto de um corpo branco (MATTOS, 2007, p. 11).

Assim, a Lei nº 10.639/03 obriga a problematização do termo *raça*[5] no ambiente escolar. Indica que lidar com a palavra se torna especialmente relevante, quando associamos o termo à complexidade dos seus significados e representações para "desconstruir" estereótipos e criarmos imagens positivas do grupo étnico.

Considero oportuno me referir à raça para denunciar o uso da palavra em seu sentido puramente biológico, no escamoteamento dos debates e discursos quando o assunto são as diferenças culturais, os abismos sociais e as identidades etnicorraciais. Em outro ponto, quero explicitar o corpo em uma perspectiva cultural e identitária para favorecer a compreensão de totalidade humana, subjetiva e criativa, percebendo a cultura corporal como afirmativa e produtora de sentidos. Esse perfil valida a busca da Educação Física de uma posição legítima que não seja a de subalternidade epistêmica e curricular.

A constatação indica que a lei é impactante nos conteúdos da Educação Física por valorizar questões relevantes da nossa cultura local, como as que valorizam manifestações como a capoeira, o samba-de-roda e o maculelê, por comportarem elementos identitários que vão além de sua validade cênica. Por tais considerações, essa corporeidade deveria refletir-se com alteridade na ação pedagógica em uma cidade de maioria afrodescendente, a exemplo da capital Salvador. Mattos sustenta, entretanto, que isso não ocorre. Para essa autora: "... o que noto é uma aceitação deslocada de identidade voltada para o imaginário das presenças folclóricas e artísticas, em determinadas épocas do ano" (MATTOS, 2007, p. 56).

Com base nesse pensamento de Mattos, sustento que formular conceitos de cultura na escola sugere uma busca sobre construção identitária e um debate sobre relações sociais no plano das

---
[5] *Complexidade existente nas relações entre negros e brancos no Brasil. Não se refere, de forma alguma, ao conceito biológico de raças humanas usado em contextos de dominação.*

hegemonias. Assim, falar em identidade remete, também, aos contextos sócio-históricos e, no caso especial de Salvador, revela uma preocupação com as invisibilidades geradas pelo fator da hierarquização racial repercutidas no tempo presente em forma de desigualdades. Por esse caminho, refiro-me à cultura como prática de significação resultante das ações sociais do sujeito (HALL, 2007).

Referencio, ainda, Gramsci, quando esse autor se reporta ao entrelaçamento entre "hegemonia" e sua materialização. Diz Gramsci que

> ... a relação pedagógica não pode ser limitada às relações especificamente escolásticas através das quais as novas gerações entram em contato com as antigas e absorvem as suas experiências e os seus valores historicamente necessários (GRAMSCI, 1981, p. 37).

Prossigo com esse pensamento, o qual me instiga a perceber essa relação de hegemonia em outras esferas sociais. Conforme o próprio Gramsci:

> Esta relação existe em toda a sociedade no seu conjunto e em todo indivíduo com relação aos outros indivíduos, bem como entre camadas intelectuais e não intelectuais, entre governantes, entre elites e seguidores, entre dirigentes e dirigidos, entre vanguardas e corpos de exército (GRAMSCI, 1981, p. 37).

Por esses aspectos reflexivos, observo que a questão identitária contemporânea debruça-se sobre a problemática das desigualdades sociais da população negra. Compreendo que essas constatações encontram ressonâncias no enfraquecimento dos critérios identitários, favorecendo a prática das relações hierárquicas raciais e a crença da mestiçagem como ideais de identidade nacional, cordial e valorativa.

A esse respeito é preciso considerar o que sustenta Hall. O autor explicita as formas de atuação da cultura nacional, definindo-a como

> "... discurso, um modo de construir sentidos que influencia e organiza tanto nossas ações quanto a concepção que temos de nós mesmos". Compreendo, assim, que é preciso desconsiderar a dimensão de cultura nacional como unificada e ambígua entre passado e futuro, voltando o olhar para as identidades na dimensão de suas representações e deslocamentos. Considero que tais deslocamentos e representações são provocados, também, pela globalização definida como "complexos processos e forças de mudanças" (HALL, 2007, p. 91).

Dessa forma, diz o autor que a globalização distancia a sociedade da ideia clássica de sistema fixado, substituindo esse conceito pelo dinamismo da vida social do tempo e do espaço.

Relacionando esse aspecto, Hall pergunta: "... onde está, pois, a necessidade de mais uma discussão sobre 'identidade'?", "Quem precisa dela?" Para o autor, precisamos de uma abordagem conceitual estratégica e posicional para identidade, fugindo do caráter relativamente estabelecido, comportado na semântica oficial do termo (HALL, 2007, p. 108).

Ao mesmo tempo, ele reforça a necessidade de avaliarmos as identidades, porquanto construídas dentro e não fora do discurso. Conclui Hall (2007, p. 111-112) que "... identidade se aproxima do 'ponto de encontro'", o ponto de sutura. Por um lado, "... os discursos e as práticas que tentam nos interpelar, nos falar ou nos convocar, para que assumamos nossos lugares como sujeitos sociais de discursos particulares" e, por outro lado, "... os processos que produzem subjetividades, que nos constroem como sujeitos aos quais se pode falar". Entendo que assim o autor destaca o processo de subjetivação ou identificação na relação entre sujeitos e as "práticas discursivas", essas últimas traduzidas por Hall como posição conceitual de "identidade".

Qual é o lugar da educação física na difusão e aplicação da lei n° 10.639/03?

Para responder a essa pergunta, necessário se faz pontuar algumas passagens históricas que demarcam a Educação Física como componente obrigatório no currículo da educação básica e seu campo de estudo, a cultura corporal ou a cultura do movimento humano[6].

A instituição das *Diretrizes Gerais para a Educação Física e o Desporto*, em 1980, buscou, primeiramente, afirmar a obrigatoriedade da disciplina na escola, mantendo o prisma da fragmentação do homem em corpo e alma, reduzindo a prática função ou necessidade biológica, desprezando o acervo cultural corporal do sujeito e as identificações embutidas em suas vivências e experiências.

O Conselho Federal de Educação, entretanto, deixou a cargo dos estados os estudos sobre as diretrizes e os planos gerais, possibilitando à escola discussões sobre suas peculiaridades, fundadas nas funções e nos objetivos da Educação Física. As funções gerais (biológica, cinestésica e integradora ou sócioeducacional) praticamente definiram os objetivos da disciplina.

Kunz (2004) lembra a importância de situarmos a Educação Física no "lócus social". Para o autor, a Educação Física é

> "...uma prática influente na formação/condicionamento do sentido e significado do movimento humano, portanto a prática não deveria contribuir apenas para 'formação/informação do sentido comparativo do movimento humano'" (KUNZ, 2004, p. 165).

---

[6] *As duas terminologias são consideradas confluentes epistemologicamente para as reflexões provocadas por esse texto porque foram construídas historicamente por diferentes correntes de pensadores da área de Educação Física, mas não se constituem nesse ponto de vista como opostas.*

Relacionando tais objetivos com a difusão da Lei nº 10.639/03 e a educação etnicorracial, sugiro uma pesquisa sobre a dimensão de educação como processo real por meio do qual se possam perceber as relações interacionais previamente estruturadas e afirmadas nas funções da escola.

Compreendo a educação como mediadora de um contexto social determinado, que relaciona e reflete seu tempo e contextos ou para se tornar um dos instrumentos de transformação social. Percebo a *práxis* pedagógica como um lugar de reflexão sobre teoria e práticas sócioeducacionais mediadas pela cultura e pelo seu contexto sócio-histórico.

Nesse sentido, pede-se uma postura pedagógica como "ação comunicativa" (KUNZ, 2004) capaz de valorizar o sentido e os objetivos das ações. Se, na contemporaneidade, a grande luta da Educação visa ao enriquecimento da *práxis* na perspectiva da quebra de preconceitos e do respeito às origens, identidades e culturas, a grande tarefa, pois, da Educação Física, na condição de área de conhecimento, é lutar para ser potencializada no processo. Isso se dará por meio de uma "... busca de solução para as antíteses reais nas tendências existentes no percurso epistemológico" (SILVA M., 2003, p. 140-141).

Dentro dessa expectativa, a Educação Física deve valorizar-se criticamente para contribuir com a realidade educacional do país, conforme discorre Silva:

> O resgate da cultura corporal do povo, de sua linguagem de movimentos, de sua potencialidade criadora, crítica e reflexiva aliada à construção da escola publica unitária para todos, é um dos problemas básicos da sociedade brasileira (SILVA M., 2003, p. 140-141).

Diante da obrigatoriedade da Lei nº 10.639/03 e a consequente tarefa de analisar as possibilidades teórico-metodológicas para a educação física, considero relevante pontuar algumas mudanças nesse campo do saber e que merecem recorte na década de 1970, tempo de mudanças mais concretas na formação de profissionais da área.

Segundo Kunz, essa fase foi marcada pela "... substituição dos profissionais militares e ex-atletas na escola, dando lugar aos formados pelas escolas de Educação Física...". Entretanto, a nova disposição não acabou com as influências militares, "... especialmente na visão de muitos diretores de escolas. Pode-se observar isso quando os profissionais da Educação Física são convocados a disciplinar o aluno pelo condicionamento físico" (KUNZ, 2004, p. 129-130).

Dessa forma, percebo que a Educação Física tem, em relação à Lei nº 10.639/03, o desafio de desempenhar entre os diversos papéis e especificidades, o de superar o tradicionalismo, o chamado "feijão com arroz", para vislumbrar aspectos mais criativos. Nota-se, na atual produção do conhecimento em Educação Física, o contraponto do pensamento educacional dominante, o qual isola a cultura do poder.

Entendo que esse isolamento, conforme Giroux,

> ... despolitizou a cultura, transformando-a em objeto de veneração", além de não haver, "tentativa, nessa visão, de entender a cultura como princípios de vida, experienciados e compartilhados, característicos de diferentes grupos e classes, e oriundos de relações desiguais de poder e de campos de luta (GIROUX, 1978, p. 75).

Discorrer sobre significados, conceitos e representações da Educação Física me obriga a refletir sobre seu objeto e sua localização como área do conhecimento. Em 1999, Valter Bracht publicou a obra

Educação Física e Ciência: cenas de um casamento (in) feliz[7], no qual discorre sobre o percurso epistemológico da Educação Física.

Para esse autor "... a Educação Física não é uma ciência e tampouco a ambição de tornar-se ciência resolve os problemas das crises de identidade da área". Ao afirmar ser estéril a discussão sobre ciência e não ciência, Bracht (1999) nos convida a pensar sobre ideologias embutidas no consenso sobre ciência. "A chamada Educação Física atual é filha da modernidade". Isso significa que

> ... ela surge em um quadro social em que a racionalidade científica se afirma como forma correta de ler a realidade, em que o Estado burguês se afirma como forma legítima de organização do poder e a economia capitalista, baseada na indústria, emerge e se consolida (BRACHT, 1999, p. 28).

Já Oliveira (2004, p. 34) defende que o percurso histórico de área confere à Educação Física identificações com ciências humanas e sociais, embora permaneça carente de afirmação científica. Desse modo, penso que identificada com as ciências humanas e sociais, a Educação Física assume uma postura pedagógico-social que lhe confere dignidade insuperável, apesar de, nessa ótica, carecer daquelas "certezas científicas".

Castellani Filho (1998, p. 54) manifesta preocupação em definir cultura corporal para, depois, discorrer sobre a ação pedagógica da Educação Física:

> Trocando em miúdos, o que queremos dizer é o seguinte: integrante da cultura do homem e da mulher brasileiros, a cultura corporal constitui-se como uma

---

[7] Nessa obra, Valter Bracht questiona se a Educação Física é de fato, uma ciência, quando é ciência, ou, se já podemos afirmar tratar-se apenas de uma disciplina científica, insuficiente de rigores na definição de objeto, método e linguagem próprios.

> totalidade formada pela interação de distintas práticas sociais, tais como a dança, o jogo, a ginástica, o esporte que, por sua vez, materializam-se, ganham forma, através das práticas corporais. Enquanto práticas sociais refletem a atividade produtiva humana de buscar respostas às suas necessidades. Compete, assim, à Educação Física, dar tratamento pedagógico aos temas da cultura corporal, reconhecendo-os como dotados de significado e sentido porquanto construídos historicamente (CASTELLANI FILHO, 1998, p. 54).

Nessa perspectiva, a Educação Física, apesar de ainda estar incluída como área de Saúde, associa-se, também, às ciências humanas e às ciências da educação, na medida em que sua multiplicidade de ação quer seja na saúde quer seja na educação assuma a dimensão pedagógica.

Corpo, movimento humano e cultura: campos de estudos da educação física, emergências na formação de professores.

Neste instante em que se debate a representatividade da Educação Física, torna-se primordial esclarecer historicamente o percurso de corpo e cultura no contexto de sociedade brasileira para compreender a importância dessa área do conhecimento no estudo das relações etnicorraciais.

Foucault (1987), analisando a trajetória do corpo como objeto e alvo do poder, a partir do século XVII, revela pontos de uma reflexão que continua atual. Diz Foucault que a visão cartesiana estruturou o corpo em duas fatias, a anátomo-metafísica e o técnico-político, com fins de controlar e corrigir as operações corporais: "Dois registros bem distintos, pois se tratava ora de submissão e utilização, ora de funcionamento e de explicação: corpo útil, corpo inteligível" (FOUCAULT, 1987, p. 126).

É oportuno observar, também, o ponto de vista de Silva M. (2003). Essa autora, ao investigar as ideias de corpo e sociedade no século XIX, por meio do estudo de três teses da Escola de Medicina do Rio de Janeiro, ressaltou a definição médica para o corpo e que traduzia a ideia de que a origem da Educação Física no Brasil, inscrita pelos intelectuais da época, comportava a ideologia do controle do corpo social e coletivo.

Isso porque

> "... o conceito corporal pretendido pela categoria médica ambicionava pelo discurso da saúde o controle do corpo individual e coletivo, através do seu governo e organização. E este foi o papel designado para a Educação Física escolar" (SILVA, M., 2003, p. 105).

A autora analisou as ligações do discurso médico do século XIX com a Educação Física e percebeu, nas três teses, que as ideias de controle social assumiram características de criação cultural da época. Ela conclui que, "... as manifestações da cultura corporal dos negros e das classes pobres foram expropriadas pela historiografia objetivamente para abrandar o escravismo". O objetivo dessa prática foi buscar uma história na qual o escravismo no Brasil não fosse apresentado como prejuízo aos ideais cívicos e às aspirações por justiça social e econômica para todos.

Por esse ângulo, afirmo que os ideais de cordialidade e mito de democracia racial foram estabelecidos nos pensamentos acadêmicos e repercutidos culturalmente nas instituições de ensino e políticas públicas. Dessa forma, percebo que as representações de corpo negro e corpo indígena comportadas na escola e na educação física seguem ideologias dominantes que historicamente segregaram saberes destas culturas.

Com essa suspeição, deixo evidente que o estudo das relações etnicorraciais na educação física deve conduzir a uma reflexão sobre corpo e poder e desvelar até que ponto essas relações influenciaram a produção de estereótipos racistas. Defendo a tese de que corpo, movimento e cultura como campos de estudos da educação física são temáticas que, potencializadas, podem colaborar para o reconhecimento das desigualdades sociais, culturais e educacionais produzidas pelo fenômeno do racismo, assim como estancar seus efeitos que são contemporâneos.

Penso que é preciso avançar na discussão sobre a Lei Nº 10.639/03, dimensionando a tensão entre sua aplicabilidade e suas propostas, pois entendo que "desconstruir" conceitos, reparar culturas e combater preconceitos demandam uma luta política vigorosa que precisa ser exercitada na escola em forma de interesse comum e interdisciplinar. Tal decisão se edificará também por meio de um processo amplo de negociação política, envolvendo a escola, a comunidade e a sociedade. Diante dessa compreensão, atento para alguns desafios propostos pela Lei 10.639/03, especialmente no ensino da Educação Física e na formação de professores da área.

É preciso suscitar corpo e movimento como criadores de sentidos e significados. Afirmo que sentidos e identificações de corpo e movimento sofreram forjamentos históricos que precisam ser problematizados em um país onde é grave a desigualdade social e racial.

Entendo que tais forjamentos foram baseados nas ideologias de branqueamento, salientadas na cor da pele e no ideal de corpo e aparência, resultando na dificuldade que temos em corporificar valores identitários de matriz etnicorracial negra e indígena e apropriá-los como civilizatórios. Observo que é preciso considerar corpo no contexto da sociedade como elemento que não se resume à biologia, fisiologia ou mecanicidade de movimentos, e, sim, como dotado de identificações culturais e étnicorraciais.

Importa, acadêmica e culturalmente, compreender a configuração da corporalidade brasileira e baiana na matriz cultural africana e, dessa forma, propiciar discussões mais aprofundadas sobre a ligação entre corpo, ancestralidade, educação e cultura. Importa, em um plano teórico-metodológico, interdisciplinar, fazer com que essas considerações repercutam de forma mais efetiva na escola. Justifico esse último desejo como uma sugestão para que o estudo da cultura corporal na escola básica se torne significativo e contribua para fazer avançar na aplicação da Lei nº 10.639/03.

Com o advento da Lei nº 10.639/03, tornou-se urgente uma releitura de corpo e sociedade, bem como se constitui como ações simultâneas outras leituras sobre corporalidade negra e indígena e movimento no campo de estudo da cultura corporal.

É preciso superar a visão pedagógica conteudista, predominantemente "branquela"[8], buscando visibilizar as manifestações que afirmam mais fortemente a cultura afrobrasileira e indígena, a exemplo da capoeira, maculelê e samba-de-roda. Isso decorre da percepção de que a Educação Física encontra em seu percurso histórico dificuldades para associar o seu objeto de investigação à questão étnicorracial.

Concluindo...

Não trato apenas de defender mais conteúdos nas aulas de Educação Física ligados à cultura afrobrasileira ou indígena. Defendo que esses conteúdos, ressignificados, ou não, sejam abordados de forma que contextualize e legitime sua validade civilizatória.

Sugere este trabalho observar o estado de 'interculturalidade crítica'[9] na prática da Educação Física como forma de enfrentar os desafios de implementação da lei 10.639/03, na medida em que

---
[8] *Branquela: termo superlativo do vocabulário popular, utilizado aqui para traduzir uma predominância indisfarçável de cor; metáfora, não tem sentido pejorativo.*
[9] *Refiro-me conceitualmente à dimensão de poscolonialidade do termo em contraposição a domínios hegemônicos.*

podem essas estratégias tornar equânimes os valores das manifestações da cultura corporal na escola.

Por fim, não considerar como de interesses cordiais as dificuldades e arranjos encontrados para a afirmação da Lei n° 10.639/03 nas escolas. Do contrário, afirmo que os entraves estão ligados às repercussões que essas culturas (negra e indígena) têm na sociedade, sendo que a escola, como núcleo social poderoso, apenas legitima tais respostas.

Historicamente, esse processo de legitimação obedeceu às hegemonias e fenômenos que edificaram as diferenças desiguais no campo social, econômico, educacional e cultural, esmagando especialmente as populações negras e indígenas.

Bibliografia

ABUD, K. M. *Formação da alma e do caráter nacional*: ensino de história na era Vargas. *Revista Brasileira de História*, São Paulo, v. 18, n. 36, 1998, p. 103-114. Disponível em: <http://www.scielo.br>. Acesso em: 3 março 2008.

BRACHT, V. *Educação física e ciência: cenas de um casamento (in)feliz*. Ijuí: Ed. UNIJUÍ, 1999.

BRASIL. *Lei n. 10.639, 9 de janeiro de 2003. Altera a Lei no 9.394, de 20 de dezembro de 1996, que estabelece as diretrizes e bases da educação nacional, para incluir no currículo oficial da Rede de Ensino a obrigatoriedade da temática "História e Cultura Afro-Brasileira, e dá outras providências*. Disponível em: <http://www6.senado.gov.br/legislacao/ListaPublicacoes.action?id=236171>. Acesso em: 2 jun. 2007.

BRASIL. Ministério da Educação. Secretaria de Educação Continuada, Alfabetização e Diversidade. *Educação anti-racista*: caminhos abertos pela Lei Federal nº 10.639/03. Brasília, DF: 2005. (Educação para Todos) Disponível em: <http://www.dominiopublico.gov.br/download/texto/me000376.pdf>. Acesso em: 3 dez. 2007

CASTELLANI FILHO, L. *Política educacional e educação física*. Campinas, SP: Autores Associados, 1998.

DÁVILA, J. *Diploma de brancura: política social e racial no Brasil*: 1917-1945. Trad. C. S. Martins. São Paulo: UNESP, 2006.

FOUCAULT. M. *Vigiar e punir: nascimento da prisão*. Trad. M. L. P. Vassalo. Petrópolis: Vozes, 1987.

GOMES, N. L.*A contribuição dos negros para o pensamento educacional brasileiro*. In: GONÇALVES, P. B.; ASSUNÇÃO, L. M. de (Orgs.). *O pensamento negro em educação no Brasil*: expressões do movimento. São Carlos: Editora UFSCar, 1997.

GRAMSCI, A. *Concepção dialética da história*. 4. ed. Trad. C. N. Coutinho. Rio de Janeiro: Civilização Brasileira, 1981.

HALL, S.*Quem precisa de identidade?* In: SILVA, T. T. da; HALL, S. & WOODWARD, K.*Identidade e diferença*: a perspectiva dos estudos culturais. Petrópolis: Vozes, 2007.

MUNANGA, K. *Para entender o negro no Brasil de hoje*: história, realidades, problemas e caminhos. São Paulo: Global, 2004.

KUNZ, E. *Educação física:* ensino e mudança. Ijuí Editora UNIJUÍ, 2004.

MATTOS, I. G. *A negação do corpo negro: representações sobre o corpo no ensino de educação física.* 2007. Dissertação (Mestrado em Educação) – Universidade do Estado da Bahia, Salvador, 2007.

OLIVEIRA, V. M. *O que é educação física.* São Paulo: Brasiliense, 2004.

SANTANA, M. de. *O legado ancestral africano na diáspora e a formação docente*: currículo, relações raciais e cultura afro-brasileira. Brasília: Ministério da Educação: Secretaria de Educação a Distância, 2006.

SILVA, M. C. de P. *Da educação física, moral e intelectual a um corpo idealizado: desvelando o discurso médico nas teses da Faculdade de Medicina do Rio deJaneiro.* Tese. (Doutorado em Educação Física) - Universidade Gama Filho, Rio de Janeiro, 2003.

SILVA, T. T. da; HALL, S. & WOODWARD, K. *Identidade e diferença*: a perspectiva dos estudos culturais. Petrópolis: Vozes, 2000.

SOARES, C. L. *Educação física*: raízes européias e Brasil. 3. ed. Campinas, SP: Autores Associados, 2004.

V Eixo

Educação Etnicorracial e Formação Docente

Capítulo 9

Reflexões sobre estabilidades e diversidades na educação para as relações etnicorraciais

Irenilson de Jesus Barbosa[1]

> *Eu tenho um sonho... que um dia os filhos dos antigos escravizados e dos antigos escravocratas serão capazes de sentarem-se juntos, fraternalmente.* [2]

Introdução

Este capítulo se insere em uma discussão pacífica do tema em epígrafe, ainda que alguma fala se revele contundente no debate. Dispomo-nos, entretanto, aos riscos de uma reflexão autônoma e provocativa que agora se nos apresenta como necessária. Na verdade, aqui se lança um olhar crítico sobre as estabilidades no trato do tema da afrodescendência.

A expressão *estabilidade* é tomada quase como metáfora, mas está associada à ideia de permanência em um determinado estado

---
[1] Professor Assistente do Centro de Formação de Professores da Universidade Federal do Recôncavo da Bahia e pesquisador na área de Educação Especial e Inclusiva, vinculado aos grupos de pesquisa GEINE (UFBA) e GEEDI (CFP/UFRB). Bacharel em Teologia pelo Seminário Teológico Batista do Sul do Brasil (STBSB- RJ), Licenciado em Pedagogia e Mestre em Educação pela UFBA; Especialista em Metodologia do Ensino Superior com ênfase em Educação Tecnológica (FBB).
[2] Trecho do discurso proferido por Martin Luther King Jr, durante a manifestação pelos direitos civis dos negros americanos, em 28 de agosto de 1963, no Lincoln Memorial, em Washington-DC.

por certo ente. Em Física, estabilidade e instabilidade são conceitos que se referem a equilíbrio. Note-se que, na *teoria dos sistemas dinâmicos*, a estabilidade de um sistema é a capacidade que ele possui de esquecer o seu passado, conforme o tempo tende a infinito. No caso dos sistemas lineares, isso significa que o movimento livre do sistema tende para zero com o passar do tempo. Quando um sistema atinge o ponto de equilíbrio, diz-se que ele entrou em *regime estacionário*.

O presente capítulo, partindo desse conceito aparentemente distante, questiona as estabilidades na educação para as relações etnicorraciais, discordando de posições estacionárias ou unívocas no trato da questão, envolta em diversidades. Isso aponta para o dado de que a apropriação do tema por alguns atores e segmentos da afrodescendência brasileira tem revelado uma preocupante homogeneidade na tentativa de reparar danos da escravatura e seus preconceitos extensivos à totalidade dos afrodescendentes. Acreditamos que, paulatinamente, erigiu-se a ideia, aparentemente equilibrada, de que a discussão do tema compete apenas a alguns iniciados, oriundos de segmentos da afrodescendência brasileira, mormente aqueles integrados em uma militância histórica instituída, que há tempos propõe políticas públicas afirmativas. Entretanto, notam-se exageros questionáveis, tais como o de se pensar que se um educador não é adepto da religião dos orixás, ou não tem seu nome relacionado a uma organização pujante do movimento negro, está desautorizado a falar sobre a educação para as relações etnicorraciais no Brasil.

Quase em uma provocação, nos valemos de um exemplo afroamericano, não vinculado tradicionalmente à religiosidade denominada de *matriz africana*, como ilustração das possibilidades inclusivas no debate e de um universo mais amplo de pessoas implicadas nessa discussão. Trata-se de uma tentativa de trazer à memória que não buscamos apenas a restauração de quilombos ou de um conjunto deles, embora não se negue ao quilombo a condição de lugar de resistência, liberdade e luta por direitos humanos e de construção de uma nova realidade humana em um país aviltado pela escravidão.

Mas nos aventuramos à construção de outro lugar em sociedade ou simplesmente uma sociedade de todos, sem rótulos ou discriminações étnicas, raciais ou religiosas, essas últimas legalmente desautorizadas e puníveis, mas ainda vicejantes na vida social brasileira. Ademais, queremos pensar em uma formação docente para uma prática pedagógica comprometida com o respeito à diversidade e às liberdades individuais e coletivas que se impõem em uma sociedade livre e democrática, tanto em ambientes escolares quanto em espaços não escolares.

Nossa contribuição a essa discussão evoca, no ponto de partida, uma insistente imagem que se impõe à mente do autor. Trata-se de uma imaginação viva, altiva, contra a luz, que se destaca formando uma silhueta negra. Os dados históricos indicam que o vulto negro se sustenta à sacada do quarto 306 do Motel Lorraine, ao cair da tarde, após um dia extenuante de reuniões aflitas. Naquele abril longínquo do ano de 1968, ele tomara um banho, vestira seu terno preto sobre a camisa branca, presa à gravata, e se aprontava para um jantar na casa do amigo, reverendo Kyles. Estava de volta a Memphis, Tennessee, onde fora efusivamente recepcionado, ao chegar no dia anterior, por cerca de 300 pessoas. Dias antes, deprimido, ainda em Atlanta, reunira-se com alguns membros da organização que fundara em 1957, a *Southern Christian Leadership Conference (SCLC)* e pensara mesmo em desistir da causa. Mas agora, sorvia o ar à sua volta em respirar profundo e parecia agradecer ao seu Deus a incumbência da missão.

O pensamento talvez agora estivesse absorto com a memória da *Marcha pelos Direitos Civis em Washington*, que cinco anos antes abalara aquela cidade sob sua liderança, culminando na aprovação do *Ato dos Direitos Civis* em 1964. Sob a mira de um assassino oculto ao longe, talvez assistisse ao filme de sua vida e revirasse os sonhos. Talvez cantarolasse, com a voz peculiar, um dos hinos aprendidos na infância nos cultos da Igreja Batista Ebenézer Creek, ou de Montgomery ou mesmo da Dexter Avenue Baptist Church, onde já pastoreava.

Repentinamente, o estampido ao longe de um rifle, lhe trazia a bala que o faria esvair-se em sangue. Atônito, o reverendo Ralph Albernathy correra e agora via em seu jovial semblante o desfalecer, já sem a voz altiva de outrora a profetizar os vindouros sinos da liberdade nas colinas. Aflito, sussurrou em derradeira nota ao amigo, lembrando o sonho partilhado de liberdade: **"Você está livre..."** (WHITMAN, 2004).

Assim, Martin Luther King Júnior deixava a vida de fé e lutas contra a segregação racial para marcar definitivamente seu lugar na história, como um ícone da causa pela liberdade, pelos direitos civis e pelo movimento da não violência em favor dos negros nas terras estadunidenses. À luz do seu martírio, a certeza de que o sonho de liberdade e de igualdade entre os homens não morreria ali, assim como ali não era seu nascedouro. Essa, na verdade, é uma causa e um sonho do **ser humano** em muitos lugares e épocas distintas. É utopia expressa em distintos enunciados, a desafiar os homens em geral, enquanto inflama os corações e mentes de pensadores, líderes de diferentes etnias, educadores e aprendizes, ao tempo em que eleva a educação de qualidade para todos à condição de causa existencial na sociedade de direitos.

A presente reflexão principia pelo exemplo do pastor batista Martin Luther King Jr., do mesmo modo que poderia iniciar pela citação de outros mártires, de matizes religiosos variados, no Brasil ou no mundo. Assinalamos com isso, desfazendo julgamentos primevos, que o princípio da *não violência* e a causa da liberdade e respeito à diversidade transcendem uma religiosidade específica e está presente em muitas filosofias e religiões no mundo. Do ponto de vista histórico-religioso, porém, devemos dizer que o princípio da *não violência*, como o conhecemos, tem sua origem mais remota no Jainismo, religião fundada pelo profeta indiano Vaddhamana (599-527 a.C).

Nada obstante, devemos a Mohandas Mahatma Gandhi, *"a grande alma"* (1869-1948) a aplicação desse princípio à política, na luta pela expulsão dos colonialistas ingleses da Índia. Corroborando uma fé coerente com a consciência de sua responsabilidade social, a trajetória de Martin Luther King Jr, certamente, teve em Gandhi uma grande inspiração. Sabe-se, inclusive, que o grande líder negro-americano, Prêmio Nobel da Paz aos 35 anos, tinha um quadro com a foto de Gandhi na parede de sua sala de jantar.

1 Do equilíbrio do discurso ao movimento da diversidade humana

Os personagens citados são apenas ilustrações de um ponto de vista possível. O foco de nossa discussão é a necessidade de pensarmos em uma educação para a diversidade étnica que considere uma pedagogia da liberdade em seu alcance máximo: a diversidade da vida e dos sujeitos. Isso reitera o respeito a todas as manifestações de diversidade entre os homens, inclusive a diversidade religiosa e se opõe a quaisquer posturas sectárias nesse debate, destronando qualquer postura dita hegemônica ou excludente. Ou seja, propõe-se uma reflexão sobre a educação para a diversidade com base no prisma da diversidade do humano, do mundo, dos olhares que a concretizam e dos distintos enunciados que a configuram. Para que tal discussão se instale, urge uma reflexão preliminar sobre a questão dos discursos dominantes que, por vezes, embalam a existência da vida em diversidade.

Em um mundo em que são evidentes e ágeis as transformações, faz-se imperioso pensarmos em uma urgência de transformação do campo semântico, visto que esse não se apresenta apenas como condição para estabelecimento de hegemonias, mas se constitui mesmo em parte integral da transformação pretendida (SILVA, 1996, p. 167).

A construção de outras ou novas formas de dizer também se relacionam com outras ou novas formas de pensar e desnuda a realidade de que os pensamentos são circunscritos por possibilidades de pensamentos nascidos na história de uma sociedade e de suas experiências, mas que deságuam na situação em que cada indivíduo ressignifica e personaliza esses pensamentos socialmente construídos.

Bakhtin, engajado em uma discussão criteriosa sobre a *Estética da Criação Verbal,* nos fornece os subsídios para uma compreensão das relações entre o movimento do discurso e o movimento da vida, destacando a forma como os enunciados e os discursos se entrelaçam na vida social e na história das pessoas, visto que *"a língua penetra na vida através dos enunciados concretos que a realizam, e é também através dos enunciados concretos que a vida penetra na língua"* (BAKTHIN, 1992, p. 282).

Acrescente-se a isso que a língua traduz para os humanos os modos como cada indivíduo concebe a sua existência, partilhada ou não, com os demais, em um movimento em que as palavras nem sempre equivalem aos seres ou às coisas, mas, sim, as representam, dentro dos modos de dizer e de compreender de cada *ente*, originado em suas experiências constitutivas e em seu lugar social e identitário. Deve-se, pois, não se perder de vista que os grupamentos humanos, em suas diversidades, não se constituem em vozes a produzir discursos uníssonos, mas que, em cada grupo, os indivíduos cientes de si mesmos podem produzir seus discursos com base em uma autoconsciência e em uma consciência do mundo e do outro à sua volta.

Quando pensamos, por exemplo, em uma educação para comunidades remanescentes de territórios quilombolas, com frequência pensamos em ex-escravos remanescentes de uma surpreendente organização social realizada por negros fugidos e ávidos pela libertação de outros negros na sociedade escravocrata de então. Também ocorre a muitos que esses sujeitos pensavam sempre as mesmas coisas e não apresentavam opiniões divergentes, enquanto, supostamente, praticavam todos a mesma fé religiosa, rituais sagrados, ou coisa assim. Desse modo, tendemos a homogeneizar os sujeitos sob a nomenclatura de quilombolas, supondo que havia uma unicidade ou uma identidade invariável e comum aos sujeitos. Mas onde está o diferente? Não é certo que mesmo um quilombo era constituído de rica diversidade étnica, religiosa e identitária?

Segundo Carla Caruso, mesmo o emblemático *Quilombo dos Palmares*, na Serra da Barriga (PE), o qual resistiu ao ataque dos brancos por cem anos, era extraordinariamente rico em diversidade:

> Os quarenta negros que fugiram na noite de 1597 perceberam que para se organizar e poder manter a liberdade eram necessários mais homens, tanto para a lavoura como também para a defesa e proteção do quilombo. Perceberam também que havia poucas mulheres. Iniciavam-se, então os raptos. Grupos de negros desciam a serra e raptavam os negros escravos dos engenhos e também as mulheres índias. Algumas mulheres brancas que eram muito pobres e viviam nos povoados próximos iam de espontânea vontade morar nos Palmares. O quilombo tornou-se o local onde as pessoas mais desfavorecidas da sociedade, como os índios, os negros e muitos brancos pobres, buscavam refúgio e abrigo. Alguns documentos dessa época relatam que, além dos negros, outros povos buscavam a liberdade no quilombo, como os judeus e os mouros (CARUSO, 2005, p. 20-21).

Diferentemente de nos ampararmos em um discurso monológico ou homogêneo, em nome de uma unidade étnica, podemos compreender, em face do exposto, que Palmares abrigava uma diversidade étnica que era experimentada na força da vida de cada um, de forma dialógica ou compartilhada, em nome do direito de todos à liberdade e à dignidade. Mas, de acordo com relatos descritivos, sabe-se também que o quilombo apresentava suas estratificações sociais e hierárquicas, e isso revelava, por exemplo, relações de poder à moda da época, nem sempre democráticas.

De acordo com Caruso, o quilombo tinha um chefe supremo. Era o Ganga Zumba, descendente de africanos da nação de Allada – composta de negros robustos, inteligentes e muito altos – que comandava os demais chefes e que gozava de privilégios que não eram estendidos a todos, tais como: uma casa grande, mais de uma esposa, guardas e pessoas que serviam a ele e toda a sua família. E relata-se, ainda: "para falar com o grande chefe, as pessoas se ajoelhavam em sinal de respeito" (CARUSO, 2005, p. 40, 41).

De acordo com informações de Caruso, podemos constatar que o próprio Zumbi dos Palmares, em sua trajetória heróica, mostra-se como um exemplo de um ser negro, implicado em circunstâncias diversas que o fizeram um indivíduo capaz de contribuir para as conquistas de muitos afrodescendentes, quilombolas ou não, refletindo a diversidade. Nascido de mãe negra, em Palmares, por volta 1655, foi capturado por soldados, aos seis anos de idade, e dado de presente, como escravo, ao padre Antônio Melo, que morava em Porto Calvo, o qual o batizou com o nome de Francisco. Inteligente, o menino foi educado pelo clérigo com histórias da Bíblia e seus heróis e se tornou coroinha aos dez anos, quando já *"conhecia todo o latim que há mister, e crescia em português e latim muito a contento"* (carta do padre Melo apud CARUSO, 2005, p. 36-38). Aos quinze anos, Francisco fugiu e, através da mata densa, retornou a Palmares, onde recebeu o nome de Zumbi em uma cerimônia. Seu nome poderia ter vários significados nas diversas línguas e dialetos africanos. Alguns historiadores acreditam que o nome signifique *"deus da guerra"*, ou ainda *"espírito da guerra"*, remetendo às palavras de origem angolana – n´zambiapongo, n´zambi e n´zumbi – todas significando *deus*. Outros intérpretes, dizem que a palavra Zumbi significaria "Fantasma Imortal" ou ainda "Morto Vivo" em alusão à crença corrente de que ninguém poderia matar o grande líder negro.

Além de sua fama quase mítica, *o general das armas* Zumbi tinha outra característica marcante, e essa era bem humanizadora de seu caráter épico e inspiradora para pessoas com deficiências: sabe-se que o grande guerreiro quilombola se tornou manco para o resto da vida, depois de levar um tiro em uma das pernas, em uma batalha em 1675, em ofensiva sangrenta comandada pelo sargento-mor Manuel Lopes Galvão (CARUSO, 2005, p. 43-44). É certo que sua limitação física, desde então, não se fez impeditiva para que Zumbi ampliasse a sua fama de um líder, guerreiro vitorioso e admirado por todos por sua coragem e destreza.

Essas nuances da vida de Zumbi e da realidade de Palmares ilustram o movimento da vida como existência dinâmica dos sujeitos, significando que a consciência de si mesmo dos indivíduos e de sua relação com os outros abarca uma gama de diversidade, mesmo diante de uma descrição coletiva dos seres, em razão das subjetividades e desigualdades implícitas nos indivíduos. Na verdade, esse não é apenas um problema no plano das intencionalidades, mas nos remetem também às dificuldades da linguagem para expressar o mundo, as pessoas e as coisas, abarcando a totalidade de suas variáveis e condicionantes, entre outros aspectos.

2 Em busca de uma África da diversidade na afrodescendência

Na certeza de que a linguagem e o discurso nem sempre dão conta da diversidade das coisas é que passamos aos questionamentos que seguem. Amparado no que se estabeleceu na legislação brasileira vigente e em acordo com decisões e documentos internacionais dos quais o Brasil é signatário, legitimados por movimentos sociais diversos que o reivindicaram, o povo afrobrasileiro hoje usufrui de direitos de cidadania que há muito tempo lhe eram negados de forma absurda e hedionda.

Do ponto de vista educacional formal, convém destacar, como exemplo, que a Lei Federal nº. 10.639 de 09 de janeiro de 2003 modificou a LDBN (Lei Federal nº 9.394/96) para incluir no currículo escolar da Educação Básica, a obrigatoriedade da temática "História e Cultura Afrobrasileira". O documento estabelece que o conteúdo programático a que se refere *"incluirá o estudo da História da África e dos Africanos, a luta dos negros no Brasil, a cultura negra brasileira e o negro na formação da sociedade nacional, resgatando a contribuição do negro nas áreas social, econômica e política pertinentes à História do Brasil"* (BRASIL, 2003).

Essa demanda, por sua vez, nos leva a perguntar provocativamente: **A respeito de que devemos refletir, ensinar e aprender?** Sobre a África? Sobre o Africano? Sobre a História?

Mais ainda, pergunta-se: **"Qual África? Qual Africano? Qual História?"**. Pensamos ser relevante considerar que a educação preconizada na Lei não poderá ser oferecida a contento, sem que se estabeleça de forma consistente nas abordagens pedagógicas um olhar sobre a diversidade embutida em todos esses conceitos aparentemente unívocos.

2.1 Qual África?

Sempre que alguém se refere à África, o que primeiro nos ocorre? Não seria a ideia de um continente? Sim, inicialmente pensamos em um continente, com seus limites geográficos característicos: rios, mares e oceanos. Mas descrever a África vai além de descrever o mapa no sentido norte-sul, destacando o Mar Mediterrâneo, a cadeia do Atlas, os desertos do Saara, da Namíbia e do Kalahari, a floresta equatorial e seus rios, o Cabo da Boa Esperança no extremo sul. Não! Não é só isso.

Também não buscamos uma África envolta em reducionismos e simplificações como a que fez Heródoto no seu livro *História*, ao designar os povos da África, ao sul do Egito, de *Aithiops* (o mesmo que *etíopes)*, expressão grega que significa *"rosto queimado"* e que também designava óxidos e sulfuretos metálicos escuros na antiguidade. Ao que parece, a origem está na palavra grega αöñïò **(aphros ou afros)** que significa *"espuma",* mas os gregos não tinham um único nome para o continente todo. Os romanos são responsáveis pela atual designação latina, que deriva de **afri** (nome dado pelos fenícios aos cartagineses ou púnicos). Entretanto, o comentarista romano Servio Honorato, estudioso de Virgílio, no século IV d.C. cogitou a hipótese de que o nome do continente provém do latim *aprica* (sol, ou ensolarado) ou do grego *aphrike* (sem calafrios ou sem frio), aludindo ao clima predominante. No português, mantida a perspectiva do olhar estrangeiro, ganhou o sufixo e o acento (ARNAUT & LOPES, 2008, p. 15-17).

Não podemos nos associar também aos que descrevem a África como um continente selvagem envolvido em mitos de bestas feras fantásticas, de personagens sub-humanos pitorescos e em atraso civilizacional à moda eurocêntrica. Devemos nos ater ao fato de que são muitas as Áfricas ocupando o mesmo espaço geográfico continental. Na verdade, temos ali um contingente de cerca de 800 milhões de pessoas divididas em 53 países e falando mais de dois mil idiomas e dialetos. São diferentes culturas, organizações sociais, políticas e religiosas fundadas sobre etnias diversas e estágios tecnológicos que revelam civilizações em trocas permanentes intra e extracontinentais, influenciando as Américas, o Caribe e todo o resto do mundo.

De forma semelhante, precisamos nos desvencilhar de uma compreensão da África baseada em textos e mapas produzidos nos séculos dezesseis a dezenove que associavam o continente aos seus algozes, invasores e colonizadores, os quais lhe conferiram designações tais como: *"África Ocidental Francesa","África Meridional Portuguesa"*.

Mesmo tomando a África apenas como continente, já teríamos uma revelação de muita diversidade e riqueza. Vejamos a sua costa: Não é apenas a costa africana. É a costa do ouro, costa dos grãos, costa do marfim, costa da malagueta e, infelizmente, costa dos escravizados, de onde partiram muitos homens e mulheres aviltados para a escravidão nas colônias dos poderosos de então.

A África continental é uma África de nações livres, com países independentes e com organização social e política próprias, suas tradições e sua diversidade religiosa, ainda que estigmatizadas pelos preconceitos etnocêntricos de quem escreve a história passada e presente do mundo. Enquanto se escrevia esse capítulo, chegava a notícia pela televisão de que um jovem negro foi coroado rei em Uganda. Infelizmente não mereceu nenhum destaque midiático em nossa terra de afrodescendentes, ao contrário dos eventos da realeza colonizadora, exemplificados nos casamentos na corte britânica que a tantos fascinam. Mas a África real também tem reis e realezas, é viva e dinâmica! Posto está, portanto, que a designação de África como unidade só pode se restringir a aspectos meramente geográficos, mesmo assim admitindo-se a precariedade do uso, pois isso não dá conta da diversidade ali existente.

Mas há também uma **África brasileira**, ou seja, aquela que está no imaginário das pessoas que vivem em nossa sociedade. Ela foi pensada e difundida no Brasil. Lamentavelmente a construção imaginária dessa África se deu a partir do olhar escravocrata e se vê ampliada por discursos unificadores de algo tão plural ou diverso e multicor como é, de fato, a cultura afrodescendente.

A África pensada no Brasil ainda não pode se desvencilhar da lembrança de que milhões de pessoas escravizadas chegaram ao Brasil até o século dezenove, por tráfico considerado legal, ou mesmo por contrabando, sempre em condições deploráveis. Acredita-se que ocorreram três grandes ciclos legais e um ilegal. O primeiro registrou uma leva de 50 a 100 mil negros vindos da Guiné no século dezesseis. O segundo ciclo aponta para cerca de 600 mil escravizados vindos do Congo e de Angola no século dezessete. O terceiro ciclo registrou cerca de um milhão e trezentos mil pessoas vindas da Costa da Mina no século dezoito. Além desses, na fase da ilegalidade, no século dezenove ocorreu o ciclo de tráfico de escravos oriundos da Baía do Benin, cujos números dificilmente serão devidamente apurados, mas que se estimam significativos (LODY, 2006, p. 17).

A Bahia e Pernambuco representaram os principais portos de desembarque dos navios negreiros. Posteriormente, com a chegada do Ciclo do Ouro na economia colonial, o eixo se transferiu para o rio de Janeiro. Vencida a escravatura e suas agruras, a **África brasileira** virou cultura ou simplesmente *folclore*. É música, é batucada, são tambores, ritmos e danças, capoeira, festas, mulatas exuberantes, religião e sincretismo. É axé, é carnaval. Mas é só isso mesmo?

Acreditamos que pensar uma história e uma cultura afrobrasileira nos remete a outras reflexões pertinentes. Afeta-nos mais diretamente lembrar o modo como se concebe o panorama religioso e o sistema de crenças afrobrasileiro na mídia, na literatura e nas políticas públicas. Sabemos que as devoções, expressões e relações do homem com o sagrado trazem à memória diferentes elementos culturais dos povos africanos que aqui chegaram. Essas expressões se integraram a credos outros que para cá acorreram ao longo de um processo de formação do povo brasileiro, como o catolicismo, o protestantismo, o islamismo, o judaísmo e, mais recentemente, com as religiões denominadas evangélicas (históricas, pentecostais e neopentecostais).

Tais manifestações religiosas foram e seguem se relacionando e se reinterpretando de várias maneiras, dando origem a diversas e novas formas de expressão e de vida religiosa ou de relações com as divindades. Somente pensando no que comumente é denominado de *religião de matriz africana no Brasil* já teríamos uma diversidade: Candomblé, Umbanda, Quimbanda, Xangô, Tambor de Mina, Batuque, Jarê, Babassuê, Omolocó e suas possíveis ramificações. Essas representam uma religiosidade cuidadosamente organizada, com sistemas complexos de divindades, orixás, vodus, *inquices* e forte apoio na ancestralidade, valorizando os papéis de homens e mulheres, inclusive atentando para a promoção feminina nos seus sistemas hierárquicos sacerdotais e cúlticos.

O candomblé é seguramente o mais conhecido desses sistemas de crenças em orixás, baseados na ancestralidade. Mas não se pode perder de vista que se refere a uma religiosidade oriunda de lugares específicos do continente africano e não dará conta de subsumir toda a religiosidade afrodescendente. De acordo com Lody (2008), o próprio candomblé revela-se plural nas diferentes nações que o compõem no Brasil, principalmente a partir de semelhanças e diferenças linguísticas. Isso significa, entre outros aspectos, que os termos religiosos e os nomes gerais para alimentos, roupas, deuses, histórias, cânticos rituais são ouvidos em cada nação na língua dos antepassados que lhe dão origem, geralmente oriundos do Benin e da Nigéria: Jeje, Ketu e Nagô (LODY, 2008, p. 62).

Embora admita que tenha se consolidado o uso da expressão *jeje-nagô* para expressar um tipo de candomblé mais próximo do que é considerado um ideal africano, Lody alista as principais nações a partir dos vínculos linguísticos da seguinte forma:

> Nação Ketu-Nagô (Iorubá)
> Nação Jexá ou Ijexá (Iorubá)
> Nação Jeje (Fon/Ewe)
> Nação Angola (Banto)
> Nação Congo (Banto)
> Nação Angola-Congo (Banto)
> Nação de Caboclo (Modelo afro-brasileiro)
> (LODY, 2008, p. 62).

Uma das mais famosas insurgências do povo africano escravizado no Brasil aponta para um exemplo da afrodescendência como diversidade religiosa para além do culto aos orixás. É a conhecida rebelião denominada Revolta do Malês, em 1835. Os malês, segundo Fraga, eram muçulmanos escravizados, mais cultos e educados que a maioria dos brancos. Eles eram educados na religião do Profeta Maomé e sabiam ler e escrever para conhecer o *Corão*, seu livro sagrado. Por isso mesmo eram altivos e insubordinados, inconformados com o cativeiro e com frequência se revoltavam e tentavam fugir para os quilombos. Lutavam em nome de seu deus Alá, e sonhavam com a implantação de uma república islâmica na Bahia. Entre as malês ilustres, encontramos o nome de Luiza Mahin, a mãe de outro negro ilustre, Luiz Gama (FRAGA, 2005, p. 11-12).

Na verdade, todas as grandes religiões do mundo situam seus fundadores em regiões africanas ou em suas proximidades; por isso só já se constituiria em descuido reduzir a religiosidade africana ou afrodescendente ao culto dos orixás.

Vemos, porém, no Brasil, um curioso e reprovável fenômeno em que uma série de episódios de intolerância para com o culto aos orixás, geralmente protagonizadas por grupos neopentecostais, e sob a rejeição das denominações cristãs históricas, que favorece a ideia de que é preciso associar inexoravelmente a afrodescendência e sua história às religiões conhecidas como *de matriz africana*.

Precisamos ir além disso. Precisamos de uma educação laica, com conteúdos que preservem as culturas e seus elementos, mas que reflita o sentido laico do currículo escolar e da escola, assim como é laico o Estado brasileiro. Precisamos de políticas públicas que contemplem a diversidade, inclusive religiosa, de nosso povo e não substituamos um preconceito por outros, igualmente avassaladores e excludentes.

Precisamos pensar em uma educação para a diversidade étnica que, não concebendo uma áfrica unitária, sob nenhum aspecto, atenta para a transmissão e reflexão sobre sua diversidade étnica, religiosa, cultural, social e, sobretudo, humana.

É dessa forma que poderemos formar docentes e cidadãos capazes de um olhar crítico e transformador para com os conteúdos que a legislação preconiza como obrigatórios e ainda mais aptos para instituírem novas formas compreensivas dos fenômenos que circundam e enriquecem os estudos desse tema.

A respeito disso, convém citar Elisa Larkin Nascimento, em trecho do seu *Sankofa: Educação e Identidade Afrodescendente*, quando diz:

> Sustento que a imagem distorcida da África, ou sua omissão, nos currículos escolares brasileiros legitima e ergue como verdades noções elaboradas para reforçar a supremacia branca e a dominação racial. Essa distorção, a meu ver, tem impacto tão devastador sobre a identidade

afrodescendente quanto à supressão da resistência do negro à escravidão e à representação da matriz religiosa como "cultura arcaica" ou "culto animista" quando não "obra do diabo". A negação da ancestralidade na sua plena dimensão humana constitui elemento essencial à desumanização dessa população. Ademais, o sistema de significações criado pelo racismo baseia-se em grande parte no alicerce ainda pouco abalado da crença na incapacidade do africano criar civilizações (*apud* BRAZ, 2008, p. 63).

2.2 Qual africano?

Quando falamos de africano, de quem estamos falando? Normalmente, somos tentados às simplificações. Definir os "africanos" é uma tarefa que, em princípio, parece simples, pelo nosso contágio com a ideia de um padrão próprio do território identificado como África, mas havemos de atentar para a diversidade escondida nessa aparente mesmidade. Isso porque uma denominação dessa monta não poderá ofuscar as marcantes diferenças verificáveis.

Os pesquisadores Arnaut & Lopes, ao tratarem desse tema, fazem importantes considerações a respeito do ser africano, principalmente com base na constatação de que ser africano não é o mesmo que ser negro:

> "Negros" não corresponde a uma descrição exata do continente, por dois motivos. Primeiro, porque tal título joga luz em aspectos físicos, ou melhor, na aparência, o que mantém o foco no quadro da natureza e não da sociedade. E, em segundo lugar, porque nem todos são negros. Há que se considerar as diferenças existentes entre os povos do norte (beberes e mouros) e os do sul, abaixo do Saara. Acrescente-se a isso o fato de que após séculos de dominação colonial, outros fenótipos também se fazem presentes em decorrência da miscigenação. Assim,

encontramos africanos – na medida em que nasceram no continente e se sentem parte do mesmo – negros, mestiços e até brancos. A cor da pele não nos parece um critério válido para definir a identidade dos indivíduos, nem sua inserção social e cultural (ARNAUT & LOPES, 2008, p.17-18).

Não devemos esquecer que pensar sobre o africano é, sobretudo, pensar sobre a humanidade. Principalmente se considerarmos que a quase totalidade das pesquisas em biologia molecular vem demonstrando nas últimas décadas que o ancestral comum dos homens teria vivido na África entre 4,5 e 6 milhões de anos atrás. A maioria dos pesquisadores acredita que antes do **homo sapiens**, o **homo erectus** surgiu na África, há 1,8 milhão de anos, com base em descobertas na Tanzânia, no Quênia, no Chade e, principalmente, na Etiópia, onde acreditam ter achado o **homo sapiens Idaltu**, o mais velho, também denominado **homem de Herto.** Os mais antigos fósseis humanos reforçam a tese da origem africana dos humanos. Análises bioquímicas diversas indicam que o homem negro africano é o que possui o DNA mitocondrial mais próximo ao que seria o original, e que o primeiro homem deveria ser provavelmente de pele negra (LODY, 2006, p. 8 e 12).

Lamentavelmente, ao longo dos séculos, muitos expoentes do pensamento ocidental têm dito verdadeiras sandices quanto às potencialidades do povo africano para a educação e o desenvolvimento e, algumas delas, ainda sobrevivem em mentes obscurecidas pelas névoas do preconceito, como facilmente se vê nos debates atuais sobre as políticas públicas de cotas para negros. Arnaut & Lopes lembram que mesmo Hegel, em uma leitura etnocêntrica desprezível, teria considerado os povos negros como incapazes de se desenvolver e receber uma educação (ARNAUT & LOPES, 2008).

Pensando no ser africano e no afrodescendente como ser humano distinto de todos os demais e ao mesmo tempo igual e diferente, apelamos à filosofia e invocamos um pensamento de Heidegger sobre o seu complexo princípio da identidade que fala de uma igualdade, e não do *mesmo*. Segundo Heidegger, *o idêntico* se diz *o mesmo*, mas *o mesmo* não é nunca igual a outro qualquer, mas é apenas *o idêntico*, o que em si mesmo é o mesmo, mas não é apenas o igual. "A fórmula mais adequada para o princípio de identidade A é A não diz apenas: cada A é ele mesmo o mesmo, ela diz antes: consigo mesmo é cada A ele mesmo o mesmo" (HEIDEGGER, 1979, p. 197).

Dante Galeffi lança luz sobre a importância desse tipo de reflexão para a prática pedagógica ao abordar o tema da pedagogia da diferença e declara:

> Neste sentido, falar em pedagogia da diferença é o mesmo que reinventar o sentido que nomeia a identidade como a diferença entre ser e pensar, o que significa tomar a diferença ontológica como a articulação necessária para se determinar a identidade do *ente-espécie* que somos como humanidade. Trata-se, portanto de uma pedagogia do aprender a aprender e não mais o ensinar como imperativo do *diferente da diferença*. Neste ângulo de interpretação, o importante é que hoje podemos pensar o ser a partir do comum-pertencer. Isto significa que, para nós, o pensar é a doação deste comum-pertencimento. Por isto, precisamos *aprender a pensar – aprender a aprender.* Uma possibilidade para sairmos do estado de submissão ontológica, em que nos encontramos como sujeitos sociais, é *aprender a pensar – aprendendo a ser* (GALEFFI, 2002, p. 78).

O ser africano é mais do que um ser negro ou branco, é um ser consciente de si mesmo e de suas origens, de seus desafios nos atos de ser-sendo. É ser humano em busca de seus anseios, seus sonhos, a par de uma identidade convivente com os outros e disponível ao pertencimento e à luta pela liberdade.

É ser que não se castra ou delimita. É ser que sobe e desce as serras e galga as montanhas mais altas tanto quanto é capaz de sobreviver nos vales, desde que livre seja e possa se achar em si mesmo sem negar aos outros as possibilidades da igualdade e da diferença.

2.3 Qual história?

Sabemos que grandes têm sido as contribuições dos povos africanos, mormente dos negros, para a construção da história dos homens. As grandes civilizações da Antiguidade, o Egito, a Mesopotâmia, os reinos da Etiópia, e outros tantos impérios do mundo conhecido de então, eram portentos civilizacionais da África. Mas, extorsivamente, os historiadores têm dissociado esses capítulos de glória daquele continente nos relatos mais proeminentes. Pesquisadores mais recentes têm selecionado material já há muito conhecido e desvelado que a história do mundo deve à África não somente o berço, mas algumas das suas páginas mais extraordinárias da História Antiga e Contemporânea.

Para a tristeza dos amantes da verdade e da causa da liberdade, a *música* África no mundo ocidental só tem sido tocada sob o diapasão do escravagismo que tem na cultura eurocêntrica o seu principal exator.

Também não se pode apagar e nem se deve negar à memória histórica dos estudos da África, e de seus descendentes, essas páginas de opressão contra o negro – até para assegurar que nunca mais se repita – mas podemos ir além. Certos de que a mão de obra escrava impulsionou grandemente os diversos ciclos econômicos do Brasil e do mundo, tendo o negro como principal protagonista, apesar de alienado dos bens apurados pelo modo de produção na sociedade ocidental escravista, podemos também evoluir para uma inclusão das contribuições dos povos africanos e seus descendentes para a instauração de uma nova forma de conceber o homem em perspectiva ecológica, social, política e econômica. É certo que um capítulo como este não dará conta de todos os aspectos dessa outra história. Mas precisamos relacionar alguns dados que nos dão conta da forma como ajudamos a escrever uma história da áfrica e dos afrodescendentes.

Nesse ponto, podemos lembrar que grande parte dos movimentos políticos e sociais relevantes, desde o século dezenove até o presente, tiveram a África e os afrodescendentes como protagonistas. A emancipação da mulher, as lutas pela libertação de diversos povos contra o imperialismo europeu na África e na Ásia, associados ao combate ao racismo e às leis segregacionistas nos Estados Unidos da América, a derrota do regime do *apartheid* na África do Sul, à sombra de Nelson Mandela, assim como as lutas contra as ditaduras na América Latina e em outras partes do mundo, são movimentos da cidadania em grande parte suscitados pelo inconformismo do povo afrodescendente e que vem representando conquistas com desdobramentos positivos para toda a humanidade.

Mais do que pertencer a uma história dos negros e da África, os afrodescendentes pertencem e constroem uma história da humanidade, como cidadãos ativos.

A cidadania ativa do afrodescendente aponta para uma participação social, regada pelo sentimento de pertencimento à sociedade em condições de interagir, instituir e respeitar as regras sociais ao mesmo tempo em que se coloca na defesa de seus direitos. O afrodescendente, mais que qualquer outro cidadão, em razão de sua história, deve estar implicado com a superação de uma alienação política que gera a subserviência e a tutela do estado ou de quem quer que seja para suas causas.

O salto qualitativo nas concepções de si mesmo, de suas origens e do seu lugar no mundo contemporâneo deve favorecer à afrodescendência tanto os vínculos com suas raízes como a construção de uma nova sociedade em que lhe seja possível dialogar com as experiências dos diversos movimentos sociais, das experiências educacionais inovadoras, forjadas na inconformidade do que historicamente está colocado como limite para as classes menos favorecidas; onde viceja a maior quantidade dos talentos e atores/atrizes sociais afrodescendentes.

3 Conclusão: Notas para uma pedagogia crítica das estabilidades em prol da diversidade

Todo o presente capítulo buscou provocar o leitor para uma reflexão sobre a necessidade de pensarmos a educação para as relações etnicorraciais, tema que tem implicação direta na formação de professores, em uma perspectiva inclusiva e crítica ao modelo que está posto, sobretudo no que tange aos reducionismos que resultam em uma falsa homogeneidade no trato dos temas da África e sua história, dos africanos e dos afrodescendentes, sua natureza e suas crenças. Mas não queremos correr o risco de concluir sem lembrar algumas notas relevantes. A principal delas se refere a uma necessária distinção dos conceitos de *etnia e raça*, subjacentes a todo o argumento deste capítulo.

Assim, devemos estabelecer que o conceito de **etnia** e sua diversidade, que permeia o texto, considera alguns aspectos que definem um grupo étnico, com base em uma definição de Barth, ampliada por Oliveira que considera:

a) a sua perpetuação por meios biológicos;
b) o compartilhamento de valores culturais fundamentais, colocados em prática em formas culturais em um todo explícito;
c) a composição de um comunicação e interação;
d) a noção de um grupo de membros que se identificam e são identificados por outros como constituintes de uma categoria que se distingue das demais categorias da mesma ordem.

Para Oliveira, a "identificação étnica refere-se ao uso que uma pessoa faz de termos raciais, nacionais ou religiosos para se identificar e desse modo relacionar-se com os outros" (OLIVEIRA, 1976).

Já o conceito de **raça,** destaca Silva Filho, é mais polêmico, porque caminhamos para afirmar que só há, reconhecidamente, a raça humana, sendo todo o mais um conjunto de etnias que compõem o nosso planeta (SILVA FILHO, 2008, p.54). A definição aqui adotada para raça é a de Rex, colhida por Guimarães:

> Raça é um conceito taxonômico de limitado alcance para classificar os seres humanos, podendo ser substituído pela noção de população. Enquanto o primeiro termo se refere a "grupos humanos que apresentam diferenças físicas bem marcadas e primordialmente hereditárias", o segundo se refere a "grupos cujos membros se casam com outros membros do grupo mais frequentemente que com pessoas de fora do grupo e, desse modo, apresentam um leque de características genéticas relativamente limitado. (...) Desse modo nenhum padrão sistemático de traços humanos – com exceção do grupo sanguíneo – pode ser atribuído a diferenças biológicas. E esse último traço, por seu turno, não coincide com os grupos usualmente chamados de raças (REX, *apud* GUIMARÃES, 1995, p. 45-63).

À luz dessa definição, intencionalmente simples, para despotencializar qualquer tipo de discriminação racial, não devemos esquecer que o conceito de raça pode variar de um grupamento humano para outro tendo em vista que esse se acha quase sempre impregnado de ideologias.

Não tem sido à toa que tantos indivíduos humanos ou grupos deles marcaram e marcam a história da humanidade com recidivas de tentativas de sobreposição de uma raça sobre a outra, geralmente com prejuízos para os economicamente desfavorecidos, impondo-lhes absurdos existenciais, sociais e políticos que acabaram por justificar textos como este e a continuidade de discussões acerca da temática em foco.

A crítica às *estabilidades,* nesse diálogo, tomando emprestado um conceito da Física, tendo-o como metáfora de uma necessidade real e social, busca dissociar a ideia de homogeneidade, permanência ou hegemonia nas discussões sobre a educação para as relações etnicorraciais. Tomamos o viés da religiosidade como alternativa reflexiva, mas essa reflexão poderia se estabelecer sobre diversos outros prismas com igual legitimidade.

Pretendemos que, ao problematizar livremente as estabilidades no discurso sobre a educação para as relações étnico raciais, consigamos desestabilizar alguns discursos unívocos que se inscrevem atualmente nos debates sobre o tema da afrodescendência. Pretendemos que a alusão ao conceito da Física questione a tendência observada nesse *sistema reflexivo,* ou seja, o esquecer do seu passado conforme o tempo tende a infinito. Mas, contrariamente, que potencialize novos movimentos em que passado, presente e futuro se encontrem em diversidade e complementaridade. Proponho, pois, que jamais entremos em regimes estacionários, a menos que se estabeleçam as equidades e diversidades desejáveis por todos nas utopias possíveis e potencializadas para as relações etnicorraciais.

Um desejo último é o de que esse tipo de reflexão estimule outras mais densas e posturas outras que construam e solidifiquem uma educação para a diversidade. Essa educação que, insisto em reiterar, deve tanto respeitar as muitas variáveis da diversidade etnicorracial, evitando reducionismos, simplificações de complexidades ou negações das diferenças quanto ambicionar muito mais do que posições sectárias para que se faça, de fato, uma educação como *práxis* libertadora e para o exercício da liberdade, onde caibamos todos.

Afinal, nos recusamos a crer que apenas alguns tenham sonhado, ou poucos ainda sonhem com sinos, berimbaus, tambores ou banjos. Na verdade, todos sonhamos e queremos continuar sonhando, ouvindo a música, acompanhando e emprestando maior beleza à linda canção que embala outros sonhos... os mais lindos sonhos... Sonhos de liberdade, em um instável e lindo movimento da igualdade na diversidade para muito além das estabilidades coercitivas.

Bibliografia

ARNAUT, L. & LOPES, A. M.*História da África: uma introdução.* 2. ed. Rio de Janeiro: Pallas, 2008 (Col. Biblioteca Afro-Brasileira).

BAKTHIN, M. *Estética da criação verbal.*São Paulo: Martins Fontes, 1992.

BRAZ, J. E. *Sikulume e outros contos africanos.* 2. ed. Rio de Janeiro: Pallas, 2008.

CARUSO, C. *Zumbi: o último herói dos Palmares.* São Paulo: Pallas, 2005. (Col. A Luta de Cada Um/ Biblioteca Afro-Brasileira).

FRAGA, M. *Luiz Gama.* São Paulo: Pallas, 2005. (Coleção a Luta de Cada Um/Biblioteca Afro-Brasileira).

GALEFFI, D. A. *Pedagogia da diferença pensada como diferença; notas implicadas II.* In:*ÁGERE – Revista de Educação e Cultura.*Linha de Pesquisa Filosofia, Linguagem e Práxis Pedagógica do Programa de Pós-Graduação em Educação/Universidade Federal da Bahia, vol. 5, n.5. Salvador: Quarteto, 2002. p. 69 a 75.

GUIMARÃES, A. S. A. *Raça, racismo e grupos de cor no Brasil.* In: *Estudos Afro-Asiáticos.* Rio de Janeiro: Estudos Afro-Asiáticos, 1995. p. 45-63.

HEIDEGGER, M. *Heidegger: Conferências e escritos filosóficos.* Trad. Ernildo Stein. São Paulo: Abril Cultural, 1979. (Coleção Os Pensadores).

LODY, R. G. da M. *Atlas afro-brasileiro: cultura popular.* Salvador: Edições Maianga, 2006.

OLIVEIRA, R. C. *Identidade, etnia e estrutura social.*3. ed.São Paulo: Livraria Pioneira Editora, 1976.

SILVA FILHO, P. *Ações afirmativas em educação: a experiência dos cursos pré-vestibulares populares.* Salvador: Arcádia: 2008.

SILVA, T. T. & GENTILI, P. *Escola S.A.* Brasília: CNTE, 1996.

WHITMAN, C. *O jovem Martin Luther King.* Trad. G. Domenico. São Paulo: Pallas, 2004. (Coleção Biblioteca Afro-Brasileira).

VI Eixo:

Relato de Experiência

Capítulo 10

Estágio curricular: A construção de uma ação pedagógica e investigativa

Kleber Peixoto de Souza[1]

1 A gênese das ações didáticas e investigativas

O presente capítulo é resultado das análises-construtivas desenvolvidas nas vivências existenciais e pedagógicas no ensino superior. Mais especificamente, nas atividades docentes da Faculdade de Educação da Universidade de Brasília e no curso de Pedagogia da Universidade Estadual de Feira de Santana, onde fui docente e ministrei os componentes curriculares voltados para os Estágios nos anos iniciais do Ensino Fundamental. Soma-se a essas vivências a minha atual ação pedagógica no Centro de Formação de Professores da Universidade Federal do Recôncavo da Bahia.

As inquietações advindas das vivências me impulsionaram a olhar para o estágio com foco investigativo, buscando desenvolver uma ação capaz de superar algumas dificuldades que perpassam esse componente curricular e ir além das simples análises e opiniões.

---

[1] *Licenciado em Pedagogia pela Universidade de Brasília (FE-UnB), com Especialização em Fundamentos Educativos para Formação de Professores e Mestrado em Educação, ambos na mesma instituição (FE-UnB). É professor assistente no Centro de Formação de Professores da Universidade Federal do Recôncavo da Bahia (CFP-UFRB). É membro dos grupos de pesquisa* Educação, Sociedade e Diversidade e do Entrelace, *também integra o* Centro de Artes de Amargosa: Diversidade, Universidade, Cultura e Ancestralidade *(CAsA do DUCA).*
E-mail: kleber.peixoto@ufrb.edu.br.

Com essas pretensões, tornou-se necessário buscar uma matriz político-epistemológica capaz de sustentar as pretensões investigativas e, também, para conduzir minha ação docente. Busquei esse aporte na perspectiva histórico-cultural, por estar alicerçada no materialismo-histórico-dialético e propiciar a ampliação do foco desejado.

Estabeleço o caminho a ser trilhado e trato os elementos que compõem os estágios imbricados mutuamente, pois, a análise-construtiva que apresento pretende abordar "os elementos reais objetivamente existentes, e apresentar como tarefa não só a segregação, mas também, esclarecer os nexos existentes e as relações entre eles" (VYGOTSKY, 1995. p. 99).

São esses elementos que formaram as linhas motrizes que me fizeram olhar e agir de forma diferenciada ao ministrar esse componente da práxis pedagógica que historicamente está envolto por questões polêmicas e que traz consigo dicotomias enclausurantes, como a confusa relação teoria e prática.

A organização dos currículos dos cursos de formação de professores segue uma "lógica muda e míope" em que os componentes se aglomeram de forma isolada e sem nexos uns com os outros, constituindo-se, assim, em aglomerados de saberes disciplinares, extremamente distantes da realidade cotidiana e do campo de trabalho dos futuros profissionais da educação. Soma-se a isso a dicotomização entre as dimensões teórica e prática dos currículos, pois os estágios acabam ganhando o perigoso status de "salvador da prática". Isso porque são considerados como o ápice prático dos cursos de formação.

Por encontrarem-se dissociados do conjunto curricular, os estágios, nos cursos de formação de professores, acabam se configurando, segundo Selma Garrido Pimenta (2004), como imitações de modelos prontos. Sempre de resultados duvidosos por não conseguirem transpor as dimensões relacionais de uma realidade para outra. E muito menos conseguem criar ações para superar as dificuldades por que passam as escolas parceiras.

Como a tradicional organização dos estágios apresenta uma ação que prima pelo pacto do silêncio e por ações reprodutivas, busquei operacionalizar cotidianamente os estágios como um movimento *práxico*, ao qual denominei: Ações Pedagógico-Investigativas (APIs). Esse processo, que revela o sentido bakhtiniano (1997a), onde as múltiplas vozes (polifonia) e os múltiplos sentidos (polissemia) englobam, simultânea e dialeticamente, o fazer educativo (dimensão pedagógica) e a pesquisa (dimensão investigativa).

Pretendi, assim, romper com a lógica onde o educando em formação fragmenta o momento de estágio em três fases estanques: uma fase de observação que pode vir a assustar alunos e professores, a depender da postura assumida, a qual, geralmente, é passiva e reclusa no fundo da sala; a fase de co-participação, por meio da qual, geralmente, os estagiários tornam-se meros auxiliares dos professores regentes; e, por fim, a fase da regência, mediante a qual se reproduz atividades semelhantes às da professora responsável pela classe, para que não se estabeleça confronto entre o fazer pedagógico consolidado por essa professora e as formulações que deveriam embasar os estágios.

As formulações apresentadas são concebidas como movimento *práxico* por estarem imbricadas –e imbricarem– três elementos, presentes na construção diferenciada de uma prática que se convencionou chamar de *Estágios Curriculares*, sendo: a *ação*, a *práxis pedagógica* e a *investigação*.

Primeiramente, o elemento *Ação* engloba formulações que visam a ultrapassar as barreiras das proposições acerca das práticas reflexivas que ganharam grande ressonância nos últimos em meio às atividades acadêmicas. A dimensão da *Ação* também é constituída por um movimento de interação dialógica, embasada, por sua vez, nas formulações de Mikhail Bakhtin (1997a, 1997b); Paulo Freire (1982, 1996), Maurice Tardif (2002) e Edgar Morin (2000).

O segundo elemento, *Pedagógico*, operacionaliza-se mediante uma *práxis* que abarca as formulações sobre os saberes necessários à atividade docente, a fim de buscar a superação de uma prática voltada para a reprodução de modelos e fórmulas. Torna-se fundamental o aprofundamento sobre o conceito da *práxis*, sendo ela percebida como uma produção social capaz de estabelecer um processo de transformação individual e social, e não apenas de contemplação da realidade. Assim, na *Ação Pedagógico-Investigativa*, o elemento *pedagógico* será potencializado, dentre outras, pelas formulações de Francis Imbert (2003), Renato Hilário dos Reis (2000), Paulo Freire (1982), Pimenta (2004) e Karl Marx (1999).

Por fim, o elemento *Investigativo* desse movimento *práxico* requer uma discussão acerca das relações entre atividade docente e trabalho, concebido este último como construto social. Trata-se de uma *Investigação* que deve levar à construção de novos conhecimentos e ações pedagógicas, e, ainda, que esteja centrada em uma produção coletiva do fazer pedagógico durante a formação de professores, sobretudo durante os chamados *estágios curriculares*. Dentre as proposições que buscarão subsidiar essa dimensão encontram-se as de: Sandra Azzi (2005); Pimenta (2004 e 2005); Francis Imbert (2003) e Vygotsky (1995).

As construções apresentadas não objetivaram dar respostas *a priori* às problemáticas presentes na minha prática docente, mas, sim, subsidiá-las. Nesse sentido, as reflexões apresentadas estão relacionadas à estrutura dos estágios, à relação da Universidade com a escola no desenvolvimento das atividades e às formulações do estágio, na perspectiva investigativa.

2 Bases necessárias para a consolidação das ações pedagógico-investigativas

Diversas produções acadêmicas no campo educacional têm se voltado para temas relacionados à organização do trabalho pedagógico. Alguns desses estudos vêm focalizando a estrutura, o desenvolvimento e as possibilidades dos *Estágios Curriculares*. Outros estudos revelam que esses estágios encontram-se imersos em problemáticas que vão de sua estrutura à concepção epistemológica que os cercam. Assim, o exercício cotidiano vem demonstrando que existe uma real desvinculação entre os estágios e a realidade ocorrente nas escolas públicas, a qual nasce na própria organização curricular dos cursos de formação de professores.

Percebe-se que, geralmente, os currículos dos Cursos de Pedagogia, ao privilegiarem os fundamentos e as metodologias pedagógicas, acabam por relegar a um plano secundário a tão necessária dimensão prática. Daí surge outro perigo: o de revestir a prática de um *status* salvacionista, pretensamente capaz de redimir os percalços da formação docente. Algumas formulações de Selma Garrido Pimenta (2004) apontam para essas questões ao avaliarem a organização curricular e sua vinculação com o dia a dia das escolas.

> Na verdade, os currículos de formação têm se constituído em um aglomerado de disciplinas isoladas entre si, sem qualquer explicitação de seus nexos com a realidade que lhes deu origem. Assim, nem sequer se pode denominá-las *teorias*, pois são apenas *saberes disciplinares* em cursos de formação, que em geral estão desvinculados do campo de atuação profissional dos futuros formadores (PIMENTA, 2004, p. 33).

Os apontamentos da autora suscitam outras questões que considero pertinente analisar: Que papel tem ocupado essa dimensão teórica da formação docente? Como se operacionalizam as questões práticas nessa formação? Para outra lógica de formação, e de estágio, como poderia ser a relação entre essas duas dimensões?

Ao tratar a primeira questão suscitada, vejo que a dimensão teórica nesses cursos distancia-se dos momentos de operacionalização prática, isso porque "essa contraposição entre teoria e prática não é meramente semântica, pois se traduz em espaços desiguais de poder no currículo, atribuindo-se menor importância à carga horária denominada prática" (PIMENTA, 2004, p. 34). O aspecto semântico não está de fato ligado à contraposição entre teoria e prática, mas aparece, como fator limitante, quando se parte para entender o sentido da palavra estágio e a forma como se materializa enquanto componente curricular.

No nível semântico, *estágio* é compreendido como uma etapa ou fase do aprendizado de uma atividade profissional. Ao trazer esse sentido para a relação entre os cursos de formação e a realidade educacional, a semântica não consegue abarcar a magnitude que o termo necessita ter para superar a dicotomia instaurada entre a teoria e a prática.

Na busca pela superação dessa dicotomia, é recorrente depararmos com algumas conjecturas que consideram teoria e prática indissociáveis no âmbito dos estágios. Mas, segundo Pimenta, para se buscar essa perspectiva indissociável no estágio, será necessário:

> ... explicitar os conceitos de prática e de teoria e como compreendemos a superação da fragmentação entre elas a partir do conceito de *práxis*, o que aponta para o desenvolvimento do estágio como uma atitude investigativa, que envolve a reflexão e a intervenção na vida da escola, dos professores, dos alunos e da sociedade (PIMENTA, 2004, p. 34).

Desse modo, o *olhar práxico*, permeado pela investigação, sinalizaria uma superação da dicotomia entre os dois elementos postos. Ainda seria preciso levar em consideração a relação entre os saberes dos professores em formação e as realidades específicas de seu trabalho no âmbito escolar. Para Maurice Tardif (2002), essa relação é falha, pois:

> Até agora, a formação para o magistério esteve dominada, sobretudo, pelos conhecimentos disciplinares, conhecimentos esses produzidos geralmente numa redoma de vidro, sem nenhuma conexão com a ação profissional, devendo, em seguida, serem aplicados na prática por meio de estágios ou de outras atividades do gênero. Essa visão disciplinar e aplicacionista da formação profissional não tem mais sentido hoje em dia, não somente no campo de ensino, mas também nos outros setores (TARDIF, 2002, p. 23).

A segunda questão, suscitada com base na análise do estágio nos cursos de formação de professores, está relacionada à forma como se operacionalizam as questões práticas nesse processo formativo. O imaginário que cerca a profissão docente está diretamente relacionado à imitação e à reprodução das ações dos professores. Nas crianças, é comum perceber o jogo lúdico em que elas representam situações envolvendo professores e alunos, o desprendimento dessas crianças faz surgir não só situações positivas dessa relação, mas, por vezes, representam verdadeiras ações repressivas que observaram em sala de aula reproduzindo-as no jogo simbólico.

Não é raro percebermos entre estudantes de cursos de formação a tendência de se reproduzir comportamentos, práticas e técnicas de professores que precederam sua formação, mas também é perceptível ações de reelaboração desses comportamentos, pois, segundo Garrido, "nesse processo escolhem, separam aquilo que consideram adequado, acrescentam novos modos, adaptando-se aos contextos nos quais se encontram. Para isso, lançam mão de suas experiências e dos saberes que adquiriram" (PIMENTA, 2004, p. 35).

Esse processo de reprodução, mesmo que reconstrutivo, acaba por ser perigoso, quando se trata de uma etapa tão importante da formação que é o *estágio curricular*. O perigo consiste no fato de que nem todos conseguem transpor esses modelos e, com isso, os reproduzem sem construir sua identidade docente. Outro perigo diz respeito à institucionalização de práticas e instrumentos consagrados como eficientes e a sua replicação nos contextos educativos indiscriminadamente. Essa prática modelar "está ligada a uma concepção de professor que não valoriza a sua formação intelectual, reduzindo a sua atividade apenas a um fazer que será bem-sucedido quanto mais se aproximar dos modelos observados" (PIMENTA, 2004, p. 36).

Assumida essa prática modelar, o estágio reduz-se à observação de aulas e à reprodução de modelos construídos ao longo do curso e aplicados durante a chamada fase de regência. Dessa maneira, perde-se a dimensão de totalidade, a ação não parte de uma análise contextual da escola, volta-se sim, para execução de aulas-modelo que são permeadas não só pela exacerbação das técnicas, mas, também, pelo preenchimento de limitadas fichas de observação e acompanhamento.

Com essas críticas, não quero suplantar a dimensão técnica nos estágios supervisionados, mas também não posso admitir que esses sejam momentos em que se desenvolva a prática pela prática. Momentos em que durante se estabeleça a cisão entre teoria e prática. Caso considere normal essa cisão, eu estaria negando a perspectiva *práxica* que envolve a pretensa (e presente) análise-construtiva.

A terceira questão que surge nessa construção epistemológica diz respeito a imbricação entre essas duas dimensões (teoria e prática) na construção de outra lógica de formação e de estágio.

Capítulo 10 - Estágio curricular: A construção de uma ação pedagógica e investigativa

Inicialmente, quero reafirmar que a imbricação dessas duas dimensões não pode ser possível sem o que venho chamando de *movimento práxico*. Um movimento que, segundo Renato Hilário dos Reis (2000), é entendido como relação dialética entre teoria-prática e prática-teoria, simultaneamente.

Ao assumir esse *movimento práxico*, demarco que esse não é concebido como uma simples união entre teoria e prática, mas como um holograma onde o pensar e o fazer tornam-se um par dialético indissociável, mesmo porque, semanticamente, *práxico* significa dirigido para ação. Nesse sentido, considero, assim como Paulo Freire (1982), que "separada da prática, a teoria é puro verbalismo inoperante: desvinculada da teoria, a prática é ativismo cego. Por isso mesmo é que não há práxis autêntica fora de uma unidade dialética ação-reflexão, prática-teoria" (FREIRE, 1982, p. 135).

Apresentado o chão no qual assento minha ação docente, ouso afirmar que na concepção de estágio que defendo não há espaço para a dicotomia teórica-prática, mas, sim, o estágio – que doravante chamarei de *Ações Pedagógico-Investigativas* (APIs) – como uma ação em que se imbricam, simultânea e dialeticamente, a teoria e a prática.

Essa imbricação no âmbito das APIs permite que a teoria seja concebida como um momento singular, também nessa etapa da formação docente. Não é por se convencionar o estágio como a fase prática do curso que a dimensão teórica ficará em um plano secundário, ancorando-me nas formulações de Pimenta (2004), considero que:

> Nesse processo, o papel das teorias é iluminar e oferece instrumentos e esquemas para análise e investigação que permitam questionar às práticas institucionalizadas e as ações dos sujeitos e, ao mesmo tempo, colocar elas próprias em questionamento, uma vez que as teorias são explicações sempre provisórias da realidade (PIMENTA, 2004, p. 43).

A partir das formulações apresentadas emergem questões relacionadas aos processos de institucionalização da prática docente. Outro elemento está relacionado aos processos investigativos que perpassam a dimensão prática. Sendo a prática docente responsável pelo desenvolvimento de um saber pedagógico; saber que, por sua vez, configura-se como fundamento e produto dessa prática, temos então, que essa prática pertence a um contexto escolar social e historicamente institucionalizado. Assim, Azzi (2005), colabora com tais formulações, quando afirma que: "... o trabalho docente é uma prática social. Prática que se faz no cotidiano dos sujeitos nela envolvidos, e que portanto, nela se constituem como seres humanos" (AZZI, 2005, p. 45).

Ao tomar a atividade docente como uma prática social, essa prática se reveste de um caráter interventivo que age sobre a realidade social. Assim, a atividade docente é ao mesmo tempo prática e ação. Com essa ampliação da dimensão prática do fazer pedagógico, o estágio se vê obrigado a potencializar-se e desprender-se das dinâmicas enclausurantes que o aprisiona exclusivamente no campo dos procedimentos e das técnicas.

Um dos passos para se romper com a perspectiva enclausurante é perceber que "a prática é institucionalizada; são as formas de educar que ocorrem em diferentes contextos institucionalizados, configurando a cultura e a tradição das instituições" (SACRISTÁN, 1999, p. 65). Logo, os contextos não são institucionalizados em um passe de mágica. A institucionalização ocorre com base em um fazer coletivo, onde me auto instituo, instituo ao outro e o conjunto da sociedade. Por isso é que os contextos educacionais configuram as tradições e a cultura, essa última considerada como o processo pelo qual damos sentido à vida, construindo, em dimensão coletiva, a mim mesmo e o mundo que me cerca.

Essa dimensão coletiva me leva a apresentar os elementos que compõe as APIs. Mas considero importante destacar que esses elementos imbricam-se mutuamente, por meio de um princípio hologramático. Holograma que, para Edgar Morin (2000), está presente desde a organização dos nossos organismos biológicos (em que cada célula contém informação genética do ser global), até no holograma social, onde se entrecruzam diversos momentos, desde o nascimento (como a linguagem, as necessidade sociais), que nos constituem em seres sociais.

Nesse holograma, percebo que nas *Ações Pedagógico-Investigativas* estão presentes elementos que as fortalecem e as justificam, tornando-as uma possibilidade de construção educativa e social. Dentre esses elementos destacam-se a dimensão *interventiva-superativa* e a *práxis*.

A dimensão *interventiva-superativa* está presente nas *Ações*, como forma de proporcionar aos sujeitos as condições para refletirem e transformarem seus modos de agir e pensar, suas vontades e desejos, sua leitura de mundo, suas formas de ensinar e relacionarem-se com o mundo. Ou seja, lhes dão condições de intervir na realidade pessoal e social, buscando a superação das dificuldades existentes, pois, como diz Gimeno Sacristán:

> Os sujeitos realizam suas ações nas instituições em que se encontram, sendo por estas determinados. Se a pretensão é alterar as instituições com a contribuição das teorias, precisamos compreender a imbricação entre sujeitos e instituições, ação e prática (SACRISTÁN, 1999, p. 103).

A *práxis* é outro elemento presente nas *Ações Pedagógico-Investigativas*. Para que a *práxis* tenha a amplitude necessária, capaz de contribuir para as formulações apresentadas, venho tratando-a como *movimento práxico*. Ao lançar essa visão, trago formulações de Marx, o qual define *práxis* como a atitude material dos homens e as relações materiais que estabelecem uns com os outros, no interior de um grupo social. Assim, a *práxis* não é a simples produção de objetos, mas autoprodução do próprio homem. Por isso, "a *práxis* é menos aquilo que o homem faz e como faz do que aquilo que o homem faz ao se fazer" (MARX, 1999, p. 137).

Outra dimensão da *práxis* está relacionada à construção de um projeto emancipador. Sendo assim, não se trata de interpretar o mundo, mas de transformá-lo, com vistas a ultrapassar a alienação humana. Nessa perspectiva de transformação, Francis Imbert (2003) diz que: "Parece indispensável dar esse conceito de *práxis*, tomada em seu sentido superior, o de uma visada de autonomia que apela para uma transformação de realidade e não para a pura contemplação" (IMBERT, 2003, p. 15). Como projeto emancipador, à *práxis* nega a reificação e reafirma o caráter histórico da vida social.

Essas formulações aqui apresentadas convergem para que a *práxis* seja uma ação capaz de transformar a realidade. Desse modo, considero, ainda, que, na condição de *movimento práxico*, ela compreende: uma visão de projeto, implicada em um processo que não se prende a determinações, mas que abrange um processo de *vir-a-ser*; uma dimensão de inacabamento, vista como um estado perpétuo, ligado a um *quefazer* e que exclui o saber fechado; a dimensão da autonomia, percebida como capacidade de construir o próprio mundo, e, por fim, a concepção dialética, considerada como uma relação direta e complementar entre os opostos, desvelando a capacidade de surgimento permanente do novo.

O elemento *Pedagógico-Investigativo* da proposição apresentada está relacionado aos saberes necessários à docência e à dialogia necessária à *práxis* pedagógica. Duas ações que, dialeticamente relacionadas, são unificadas em uma só, pois, na resultante, as ações didáticas precisam estar cercadas por ações de investigação de si mesmo e da prática pedagógica.

Sob essa visão, os saberes docentes expandem-se para além da dimensão acadêmica, pois as experiências vividas tornam-se importantes no processo de constituição histórica do ser professor, ou seja, os saberes docentes estão diretamente relacionados com a construção da identidade docente. Assim, Selma Garrido Pimenta (2005), conclui que:

> A identidade não é um dado imutável. Nem externo, que possa ser adquirido. Mas é um processo de construção do sujeito histórico situado. A profissão de professor, como as demais, emergem de um dado contexto e momento históricos, como respostas as necessidades que estão postas pelas sociedades adquirindo estatuto de legalidade. Essas considerações apontam para o caráter dinâmico da profissão docente como prática social. É na leitura crítica da profissão diante das realidades sociais que se buscam os referenciais para modificá-las (PIMENTA, 2005, p. 19).

3 A dialogia nas Ações Pedagógico-Investigativas

As construções apresentadas até o momento objetivaram evidenciar os elementos que compõem as *Ações Pedagógico-Investigativas*. Mas, pelas características levantadas, até o momento ficaria uma lacuna se não emergisse outro elemento capaz de organizar essas ações: a *dialogia*. Dessa forma, passo a apresentar, juntamente com esse novo elemento, as percepções construídas com base nessa ação.

A possibilidade de transformação de si mesmo e das atividades docentes, consideradas como práticas sociais, não estariam completas se não fosse apresentada a dimensão *dialógica*, extremamente necessária para constituição das APIs. Por isso, as práticas docentes precisam estar baseadas em um processo dialógico-dialético em que é necessário estar de fato construindo as ações com os sujeitos participantes do estágio: orientadores de estágio, estudantes, professores(as), direção e outros.

Inicialmente, fundamentado nos estudos de Edgar Morin (2000), trago uma acepção de *dialogia* que diz que: "o termo dialógico quer dizer que duas lógicas, dois princípios, estão unidos sem que a dualidade se perca nessa unidade" (MORIN, 2000, p. 189). Considerando esse princípio dialógico, a minha ação docente busca orientar a construção projetos na Universidade que não neguem as ações cotidianas desenvolvidas nas escolas-parceiras. Os princípios acadêmico-universitários precisam caminhar unidos com os princípios e ações escolares. Assim, as diferenças que emergiram (emergem) nos estágios foram (são) encaradas como possibilidades de superação e não como bloqueadoras das ações pedagógicas.

Esse caráter dual me levou a crer que os antagonismos poderiam não ser excludentes, mas estimuladores de um confronto com o real/social/individual na busca da superação das dificuldades presentes no processo de aprendizagem e desenvolvimento humano. Com isso, nas *Ações Pedagógico-Investigativas,* as dificuldades foram (são) encaradas e superadas e não colocadas de lado como se não existissem.

Com base nessas percepções, considero que o confronto se dá durante o processo de comunicação verbal, onde as diferenças surgem "da alternância dos sujeitos falantes" (BAKHTIN, 1997a, p. 293). Dualidade/alternância entre sujeitos que, para ser dialógica, precisa representar o que Bakhtin denomina de *o todo real da comunicação,* assim:

> O ouvinte que recebe e compreende a significação (linguística) de um discurso adota simultaneamente, para com este discurso, uma atitude *responsiva ativa*: ele concorda ou discorda (total ou parcialmente), completa, adapta, apronta-se para executar, etc., e esta atitude do ouvinte está em elaboração constante durante todo o processo de audição e compreensão

desde o início do discurso, às vezes já nas primeiras palavras emitidas pelo locutor. A compreensão de uma fala viva, de um enunciado vivo é sempre acompanhada de uma atitude *responsiva ativa*; toda compreensão é prenhe de resposta e, de uma forma ou de outra, forçosamente a produz: o ouvinte torna-se o locutor (BAKHTIN, 1997, p. 290).

Como o *todo real da comunicação* compreende um processo de significação, torna-se necessário pensar no papel do signo dentro do processo dialógico. De acordo com Bakhtin, o signo resulta de um consenso entre indivíduos socialmente organizados no decorrer das relações sociais. Assim, "as formas do signo são condicionadas tanto pela organização social de tais indivíduos como pelas condições que a interação acontece. Uma modificação dessas formas ocasionam uma modificação do signo" (BAKHTIN, 1997b, p. 44).

Percebo que esse signo não é apenas parte de uma realidade, vejo que ele também tem o poder de refletir e refratar outra realidade, podendo, como diz Bakhtin, "...distorcer essa realidade, ser-lhe fiel, ou apreendê-la de um ponto de vista específico, etc". (BAKHTIN, 1997a, p. 32). Dessa forma, quando ocorre apreensão do signo pelo ser, também ocorre a passagem do ser ao signo, existindo, assim, uma refração dialética do ser no signo. Desse modo, os estágios acabam por se constituírem em momentos de formação para os estagiários e para os professores parceiros.

As forças motrizes que venho construindo até então edificam a ação que é pedagógica e investigativa. Entre essas forças, a dimensão dialógica precisa marcar o compasso das APIs como atividade organizadora dos estágios. Com base em Bakhtin e na relação com os que comigo caminham, construo a certeza de que: "a compreensão de uma fala viva, de um enunciado vivo é sempre acompanhada de uma atitude responsiva ativa"(BAKHTIN,

1997a, p. 290). Mas não basta apenas compreender os sujeitos que partilham comigo a vivência nos estágios; preciso construir com eles as respostas.

Nesse sentido, as *Ações Pedagógico-Investigativas* acabaram se tornando articuladoras de uma atividade docente que primou por transformar as relações constituídas nos estágios curriculares dos cursos de Pedagogia que atuei, que atuei. Assim, esses componentes foram se transformado em experiências formativo-investivativas para todos os atores envolvidos experiências formativo-investivativas para todos os atores envolvidos.

Uma das experiências, por se tratar de um curso voltado para professores em exercício, trazia consigo a necessidade de um diálogo permanente entre educadores, educandos e a realidade escolar. Outra experiência, a re-organização da ação docente se fez necessária para que a lógica fragmentada do estágio fosse superada no desenvolvimento dos projetos, pois existia uma tendência a trabalhar esse componente dividido em *observação*, co-*participação* e *regência*. Como atualmente minhas atividades docentes concentram-se no Centro de Formação de Professores da Universidade Federal do Recôncavo da Bahia, passo a refletir sobre as ações desenvolvidas no curso de Pedagogia dessa instituição.

4 Estágio e *práxis* pedagógica: um projeto interdisciplinar e articulador

Diante das reflexões apresentadas, entendo que a formação de professores, alicerçada em um processo de aprendizagem mútua e por uma ação interdisciplinar, necessita romper com o processo de reprodução de modelos didático-metodológicos que pouco contribuem para uma ação coletiva na formação de professores. Nesse sentido, com base em um trabalho coletivo, nasceu o desafio de desenvolver uma ação interdisciplinar voltada para as atividades práticas do Curso de Pedagogia do Centro de Formação de

Professores (CFP), da Universidade Federal do Recôncavo da Bahia (UFRB). Assim, os docentes responsáveis pelos componentes curriculares do 8° Semestre do referido curso apresentaram, no primeiro semestre de 2010, o projeto articulador: *Estágio e Práxis Pedagógica: realidade social e as práticas escolares*.

O *projeto articulador* apresentado, ao mesmo tempo em que se sustenta nas proposições descritas anteriormente, soma-se a uma nova dimensão, a interdisciplinaridade. Essa nova composição me leva a reforçar que a lógica reprodutivista não comporta ações capazes de integrar os componentes curriculares e as construções epistemológicas ocorrentes nos cursos de formação de professores. Por outro lado, a imbricação da *práxis* no processo interdisciplinar apresenta-se como uma possibilidade para conjunção, tanto dos componentes curriculares do semestre (e do curso) como para o rompimento de modelos didático-metodológicos.

Inicialmente, chamo a atenção para as reformulações curriculares dos cursos de licenciatura nos últimos anos, pois apontam para uma estruturação que prime pelo desenvolvimento das competências profissionais e a organização por meio de eixos articuladores, dentre os quais, a interdisciplinaridade. No parecer 09/2001 do Conselho Nacional de Educação, que instituiu as *Diretrizes Curriculares Nacionais para a Formação de Professores da Educação Básica*, é indicado que:

> Sendo o professor um profissional que está permanentemente mobilizando conhecimentos de diferentes disciplinas e colocando-as a serviço de sua tarefa profissional, a matriz curricular do curso de formação não deve ser a mera justaposição de estudos disciplinares. Ela deve permitir o exercício permanente de aprofundar conhecimentos disciplinares e ao mesmo tempo indagar a esses conhecimentos sua relevância e pertinência para compreender, planejar, executar e avaliar situações de

ensino e aprendizagem. *Essa indagação só pode ser feita de uma perspectiva interdisciplinar* (BRASIL/CNE/CP, 2001, p. 43, grifos de Kleber).

Para fugir da redoma de vidro de que fala Tardif (2002), faz-se necessário buscar as conexões que a interdisciplinaridade pode trazer para formação de professores. Uma dessas conexões indica que a perspectiva interdisciplinar pode vir a colaborar para construção de sínteses integrativas que partem da problematização de uma temática, ou de assunto, destacado dentro do contexto disciplinar. Por essas características é que a interdisciplinaridade gera inquietações, mas, também, impulsiona um olhar problematizador, apresentando contratempos relacionados à prática docente. Por isso, ela apresenta possibilidades de superação de uma lógica fragmentada da ação educativa.

Ao adotar a interdisciplinaridade como eixo articulador do *projeto articulador*, foi preciso compreender algumas características básicas dessa atitude interdisciplinar. Assim, Ivani Fazenda (2002) destaca que uma dessas características é a ousadia da busca e da pesquisa. Também docentes e discentes precisam estar abertos para transformar a insegurança em um exercício permanente do pensar, o que ocorrerá com o diálogo e o respeito à opinião do outro, deixando que ocorra a passagem da subjetividade para a intersubjetividade (FAZENDA, 2002, p. 36).

Na superação do monólogo pela instauração da prática dialógica (Fazenda, 2002), torna-se possível inscrever uma ação problematizadora, pois percebe-se que: "a grande vantagem dessa abordagem é a proposição de situações sobre as quais os estudantes podem refletir, usando obrigatoriamente conhecimentos de diferentes disciplinas e treinando o raciocínio para elencar diferentes hipóteses diagnósticas, chegando a tomada de decisão" (SANTOS E INFANTE-MALACHIAS, 2008, p. 15). Dessa forma, ao reconhecer que existe um problema que perpassar os estágios curriculares e as ações práticas de um curso de formação, abre-se a possibilidade para o desenvolvimento de uma ação para resolvê-lo.

É evidente que as possibilidades da interdisciplinaridade não se materializarão por si só, mas, perpassada por outros processos, desde que docentes e discentes se percebam diante da oportunidade de um trabalho coletivo de reflexão, debate e aprofundamento, onde de forma efetiva suas concepções iniciais sejam transformadas. O ponto-chave para operacionalização dessa possibilidade construtiva é o diálogo. No confronto de ideias do coletivo surgem proposições diferentes, levando o grupo a estabelecer uma estratégia que engloba o cabedal de conhecimentos advindos dos diversos componentes curriculares, de modo que possam chegar à resolução do problema a ser enfrentado.

Entendendo que esse processo de construção só é possível com base nas relações que os indivíduos estabelecem uns com os outros e que o resultado não é a simples produção de objetos, mas autoprodução do próprio homem, acabamos de retornar à *práxis* e instituí-la como par dialético da interdisciplinaridade.

A busca desse algo novo, essa autoprodução, esse quefazer que nos constituiu em um coletivo docente. Também nos mobilizou e nos levou a apresentar um projeto que busca superar a simples necessidade de minimizarmos as atividades práticas de um conjunto de discentes em determinado semestre. Instituímos assim uma ação interdisciplinar real que contribuiu para a qualificação dessas inserções nos diversos campos de atividades práticas. Portanto, o *projeto articulador* chamou todos os componentes curriculares do 8° semestre do curso de Pedagogia, seus docentes e discentes, para dialogarem e construírem coletivamente uma ação-práxica-reflexiva que balizará as atividades de campo no referido semestre.

Na operacionalização do projeto, as disciplinas: Prática Reflexiva na Docência das Séries Iniciais do Ensino Fundamental (Estágio); Prática Reflexiva na Docência de Matérias Pedagógicas; Ensino e Aprendizagem das Matérias Pedagógicas; Ensino e Aprendizagem da Geografia; Apresentação do Trabalho

Monográfico; Libras, foram entrelaçadas de modo a comporem uma Linha Norteadora da intervenção práxica.

Essa linha norteadora foi pensada como uma ação deliberada capaz de conduzir as reflexões dentro de cada componente em particular, mas também uma forma de estabelecer as interpenetrações de um componente no outro, formando assim, um complexo hologramático orientador das atividades de campo que foram realizadas durante o semestre. Definimos como linhas norteadoras: Tempo e Espaço da Realidade Social e Reflexões sobre a Práxis Pedagógica. Cada um dos componentes curriculares foram filiado a uma ou mais das linhas norteadoras para que, com base nas mesmas, orientassem a ação investigativa, bem como a intervenção pedagógica realizada nas escolas-parceiras.

Entende-se, ainda, que a construção coletiva e o acompanhamento do grupo discente foi de fundamental importância para solidificação do projeto. Soma-se a isso a busca por uma avaliação processual e integradora que garantisse a articulação dos processos e dos produtos da ação interdisciplinar *práxica*. Nesse sentido, foram apontadas pelo coletivo de docentes e discentes algumas possibilidades para diagnóstico e construção de dados que abarcam questões relacionadas a todas as linhas norteadoras e seus componentes.

Também se fez necessário momentos coletivos de acompanhamento e reflexão nos quais os docentes dos diversos componentes se juntaram com os discentes nas escolas ou nas orientações e socializações em sala de aula. Também o relatório final deveria espelhar as discussões das linhas norteadoras. Nesse sentido, as orientações e reflexões coletivas foram um requisito imprescindível para o desenvolvimento do *projeto articulador*.

Com essas contribuições esperamos que a possibilidade de uma ação *práxica* abarque os diversos elementos da *Ação*

Pedagógico-Investigativa e possa impulsionar outras atividades articuladoras nos demais semestres do curso de Pedagogia do Centro de Formação de Professores da Universidade Federal do Recôncavo da Bahia, bem como em outras instituições.

Bibliografia

AZZI, S. *Trabalho docente:* autonomia didática e construção do saber pedagógico. In: PIMENTA, S. G. *Saberes pedagógicos e atividades docentes.* São Paulo: Cortez, 2005.

BAKHTIN, M. *Marxismo e filosofia da linguagem.* São Paulo: Hucitec, 1997b.

BAKHTIN, M. *Estética da criação verbal.*São Paulo: Martins Fontes, 1997a.

BRASIL. Ministério da Educação. Conselho Nacional de Educação. *Parecer CNE/CP 9/2001. Diretrizes curriculares nacionais para a formação de professores da educação básica.* Disponível em: <http:\\ www.mec.gov.br>. Acesso em: 12 de abril de 2010.

FAZENDA, I. C. A. *Interdisciplinaridade um projeto em parceria.* São Paulo: Loyola, 2002.

FREIRE, P. *Ação Cultural para liberdade e outros.* 8. ed. Rio de Janeiro: Paz e Terra, 1982.

IMBERT, F. *Para uma práxis pedagógica.* Trad. R. A. Córdova. Brasília: Plano, 2003.

MARX, K. *A Ideologia Alemã.* São Paulo: Hucitec, 1999.

MORIN, E. *Ciência com consciência*. Rio de Janeiro: Bertrand Brasil, 1996.

PIMENTA, S. G. *Docência e docência*. São Paulo: Cortez, 2004.

PIMENTA, S. G. *Saberes pedagógicos e atividade docente*. São Paulo: Cortez, 2005.

REIS, R. H. dos. *A constituição do sujeito político, epistemológico e amoroso na alfabetização de jovens e adultos*. Campinas, [s.n.], 2000.

SACRISTAN, J. G. *Poderes instáveis em educação*. Porto Alegre: Artmed, 1999.

SANTOS, S. &INFANTE-MALACHIAS, M. E. Interdisciplinaridade e resolução de problemas: algumas questões para quem forma futuros professores. *Educação e Sociedade*, Campinas: Unicamp, vol. 29, n. 103, p. 557-579, maio/ago. 2008. Disponível em: <http://www.cedes.unicamp.br>. Acesso em: 15 de abril de 2010.

TARDIF, M. *Saberes docentes e formação profissional*. Petrópolis, Vozes, 2002.

VYGOTSKY, L. S. *Obras escogidas: problemas del desarrollo de la psique*. Volume II. Madrid: Visor Distribuiciones, 1995. (Capítulo 2, p. 47. Tradução minha).

Capítulo 11

Formação de Professores em Exercício: O programa especial de formação de professores (PROESP) em História no Estado da Bahia

Tatiana Polliana Pinto de Lima

Introdução

A educação assumiu lugar de proponderância em todas as discussões, tanto da sociedade civil como do governo, nos últimos dez anos, em virtude da demanda social existente, visto que o Brasil ainda continua um país com graves problemas educacionais, o que fez com que temas como desigualdades sociais e educacionais e concentração de renda estivessem sempre presentes nas avaliações realizadas pelo MEC ao longo dos últimos anos.

> Por exemplo, em um balanço feito (...) sobre a educação brasileira entre os anos 1995-2001, o Ministério da Educação reconhece que "As desigualdades sociais e a concentração de renda têm sua origem, e

grande parte, no atraso educacional de décadas e na baixa escolaridade média da população brasileira". (...) A falta de educação aparece como sendo a responsável pelas desigualdades regionais (AVEIRO, 2002, p. 12).

Os governos de Fernando Henrique Cardoso e, atualmente, o Governo de Luis Inácio Lula da Silva fizeram tentativas de modificação desse quadro, com as chamadas reformas educativas. Nesse sentido, houve a aprovação da *Lei de Diretrizes e Bases para a Educação Nacional*, em 1996, depois de um embate político e ideológico representado pelas duas casas que compõem o Congresso Nacional, ou seja, a Câmara dos Deputados e o Senado Federal.

Essa lei, no que se refere ao controle político e à administração do sistema educacional, estava perfeitamente sintonizada com as linhas educacionais da política educacional do governo de FHC, iniciado um ano antes, em 1995.

Como uma das principais consequências da aprovação da LDBEN, temos a elaboração do *Plano Nacional de Educação* (PNE) como principal medida tomada pelo governo FHC. Essa proposta representou, um meio importante e, talvez, essencial, para a continuidade da política educacional do governo FHC, bem como demonstra o entrelaçamento da educação brasileira a interesses externos, já que redefiniam prioridades educacionais com base nos objetivos e nas diretrizes estabelecidas pelos principais organismos internacionais, tais como UNESCO, UNICEF, Banco Mundial e FMI.

Procurava, dessa feita, tornar a educação mais flexível, característica necessária para fazer frente às contínuas transformações sociais em curso, tanto interna como externamente. O executivo considerava igualmente como objetivo prioritário do PNE "... a construção de um sistema educacional capaz de oferecer oportunidades educativas comparáveis à dos países desenvolvidos" (AVEIRO, 2002, p. 191).

a) A tônica dada à formação docente

Nesse contexto é que os programas especiais de formação de professores começam a ser pensados, em uma tônica que não acontece somente no Brasil, mas segue uma tendência global. Nessa linha Olgaíses Maués afirma que Olgaíses Maués afirma que

> Desse modo a formação de professores tem sido uma tônica em todos os países, como uma maneira de evidenciar a importância do desempenho educacional para o crescimento econômico, o que em tese depende da atuação dos profissionais da educação. A "universitarização" seria uma forma de qualificar melhor essa formação e encaminhá-la para a profissionalização; representaria um aprofundamento dos conhecimentos e um maior domínio no exercício da função. A "universitarização" representa um movimento de absorção das instituições de formação de professores pelas estruturas habituais das universidades, departamentos, faculdades ou outros (2003, p. 97).

No Brasil, em fins do século XX, quando a LDBEN foi sancionada, essa afirmava em seu título VI, intitulado *Dos Profissionais da Educação*:

> Art. 62 – A formação de docentes para atuar na educação básica far-se-á em nível superior, em curso de licenciatura, de graduação plena, em universidades e institutos superiores de educação, admitida, como formação mínima para o exercício do magistério na educação infantil e nas quatro primeiras séries do ensino fundamental, a oferecida em nível médio, na modalidade Normal (SAVIANI, 2000, p. 181).

Afirmava ainda, em seu Título IX, *Das Disposições Transitórias*:

> Art. 87 – É instituída a Década da Educação, a iniciar-se um ano a partir da publicação desta lei.
> §3º. – Cada Município e, supletivamente, o Estado e a União, deverá:
> III – realizar programas de capacitação para todos os professores em exercício, utilizando também, para isto, os recursos da educação a distância;
> §4º. – Até o fim da Década da Educação somente serão admitidos professores habilitados em nível superior ou formados por treinamento em serviço" (SAVIANI, 2000, p. 187-188).

Uma lei que favoreceu, sob a ótica global, o mercado privatista da educação, que veio a agradar aos empresários da educação. Foi a partir da promulgação dessa lei que, posteriormente, elaborou-se o *Plano Decenal de Educação* que previu a formação em nível superior de todos os professores em exercício, e que não apresentavam a devida qualificação. Dessa feita, os cursos de pedagogia praticamente quadruplicaram em um espaço de oito anos pelo território brasileiro. Cursos outros de licenciatura foram igualmente tidos como os preferidos quando da criação de novas faculdades privadas.

Entretanto, muitos professores da rede estadual não conseguiam fazer os vestibulares e adentrar nesses cursos, visto o valor das mensalidades, além da localização dessas faculdades, grande parte localizada nas capitais. Assim sendo, o MEC, em convênio com os estados brasileiros, iniciou um programa visando à formação de professores em exercício.

Assim, sob os auspícios da lei, cursos especiais precisaram ser criados visando ao cumprimento dos dispositivos instituídos. Ora, segundo o *Plano Nacional de Educação*, estatisticamente falando, demanda havia, e muita. O PNE colocava que, aproximadamente,

159.883 professores que atuavam nas quatro últimas séries do ensino fundamental careceriam de formação em nível superior, ou seja, a licenciatura plena. Já no tocante ao ensino médio, esses números corresponderiam a 44.486 professores. Esses cursos instituídos seriam ainda implementados, segundo o PNE, com a colaboração da União, dos Estados e Municípios, visando a assegurar a qualificação mínima exigida pela LDBEN.

Outro incentivo para o surgimento desses cursos especiais de professores deu-se em virtude do questionamento quanto à atuação profissional dos professores. "No *site* do MEC em 2000, a Secretaria de Ensino Superior (...) associava o fraco desempenho na aprendizagem dos alunos à formação insuficiente de seu quadro docente..." (DIAS, LOPES, 2003, p. 1118) Esses professores deveriam estar melhor preparados para entender a educação contemporânea trazida tanto pelos *Referenciais Curriculares Nacionais da Educação Infantil*, bem como pelos *Parâmetros Curriculares Nacionais*, do ensino fundamental e do médio.

b) A formação de professor por meio dos cursos especiais de licenciatura

Com esse intuito, objetivou-se incentivar a criação de cursos especiais de licenciatura plena, feita em três anos, que facilitasse o acesso dos docentes em exercício, bem como que esses cursos fossem instituídos igualmente no interior dos Estados, visando a atender às demandas locais e regionais, para que, ao fim dos dez anos, todos os professores possuíssem formação específica de nível superior.

Torna-se importante esse registro porque três anos, e não quatro, tendo esse como tempo médio dos cursos "regulares" de história no Brasil. Essa escolha ocorreu em virtude da formação precisar aligeirar-se, já que esses professores não são dispensados de sua carga horária de sala de aula. Assim, continuam na escola, por 20 ou 40 horas e, paralelamente, realizam seus cursos de qualificação.

Dessa forma, um curso feito em menor espaço de tempo garante que esse professor esteja sendo formado mais rápido.

Entretanto,

> ... em virtude da necessidade urgente de se habilitar aqueles que, hoje, no país, estão em sala de aula, exercendo o magistério, corre-se o risco de as recentes políticas educacionais para formação docente favoreceram a improvisação no preparo dos profissionais da educação (PEREIRA, 1999, p. 112).

c) Os cursos especiais de formação docente na Bahia

Nesse ínterim, portanto, os cursos especiais de formação de professores no Estado da Bahia foram criados. Em 2003, o governador Paulo Souto, instalou o *Comitê Gestor do Programa de Formação de Professores*, composto por representantes da Secretaria da Educação (SEC), das quatro universidades estaduais (UNEB, UEFS, UESC, UESB) e da Universidade Federal da Bahia (UFBA), que se tornaram responsáveis pelo processo da requalificação.

Para poder ingressar nesses cursos, todos os professores, sem a licenciatura plena, da rede pública estadual do 6ª ao 9ª ano do ensino fundamental e do ensino médio, prestaram vestibular, de caráter classificatório, para cursos de licenciatura plena nas áreas de Ciências Biológicas, Física, Química, Matemática, Letras, Geografia e História.

No segundo semestre daquele mesmo ano foram abertas quatro mil vagas para todo o Estado, sendo um curso, segundo Paulo Souto, que não teria custos financeiros para o professor, sendo integralmente financiado pelo governo estadual. Esse financiamento ia desde o pagamento dos professores, financiamento para compra de bibliografia, correspondente aos planos de curso entregues pelos professores, pagamento do transporte da cidade de origem para a cidade polo, onde os cursos foram ministrados.

Essa modalidade de financiamento gerou discussões e debates entre os especialistas considerados por alguns, como Guiomar Namo de Mello, como distorções graves na formação docente, já que tais cursos podiam ser financiados com recursos da educação básica, ocasionando um duplo financiamento das instituições estaduais de ensino superior.

No tocante à Bahia, esses cursos foram e continuam sendo ministrados nas quatro universidades estaduais públicas existentes no Estado, atendendo dessa forma, de norte ao sul, no interior do Estado. Abrangiam, portanto, as regiões de Feira de Santana (UEFS), Recôncavo Baiano (UNEB), Alagoinhas (UNEB), Baixo Sul (UESB), Sudoeste Baiano (UESC) e objetivavam atender à demanda da educação superior, em licenciatura plena na rede pública estadual, bem como "graduar docentes que atuam na educação básica da Rede Pública de Ensino, visando suprir a carência de profissionais qualificados, por meio da oferta de cursos de licenciatura plena..." (UNEB, s.d.).

d) O Kit do Professor-Aluno

Em um documento intitulado *Kit do Professor/aluno*, do curso especial de formação em história, encontramos o seguinte discurso oficial, governamental, para a necessidade de existência desses cursos. Vejamos:

> No mundo moderno, os avanços da ciência e da tecnologia são tão rápidos e tão amplos, em tudo que nos cerca, que temos de correr continuamente atrás de novos conhecimentos para podermos acompanhar esta evolução e não ficarmos defasados. Necessitamos de nos qualificar para conviver com as inovações que acontecem e adaptarmo-nos aos novos níveis de vida que surgem.
>
> Fugirmos a esta situação, é correr o risco de sermos alijados e excluídos da sociedade pela incapacidade

de adequação às novas exigências da vida moderna e às novas formas de trabalho e de sobrevivência.

Se esta necessidade surge como solução vital, cabe aos setores responsáveis pela formação do jovem e pela sua qualificação como profissional cuidarem, a partir dos primeiros passos da educação, isto é, da primeira instância escolar, desenvolverem programas que atendam satisfatoriamente à demanda de indivíduos aptos a enfrentarem as condições exigidas por todas essas situações.

Tal qualificação depende, sem dúvida alguma, daqueles que são os responsáveis imediatos pelo ensino básico ou fundamental. A demanda pela sua qualificação aumenta gradativamente em função da expansão das redes de ensino e do número de escolas, resultado de busca cada vez maior por elas.

Os profissionais desta área, sobretudo de regiões menos desenvolvidas, são os que mais necessitam de aperfeiçoamento e os que menos condições têm de consegui-lo. Estes profissionais formadores, sem habilitação condizente para o exercício do magistério, a maioria de nível médio, ressente-se da falta de curso superior, tanto para seu aperfeiçoamento como para o exercício do magistério para se atualizarem em novos métodos pedagógicos (UNEB, s. d).

Entretanto, os custos são outros. O primeiro refere-se à obrigatoriedade desses professores lecionarem na rede pública, no mínimo, o mesmo tempo em que ficaram realizando os cursos, financiados pelo Estado. Assim, se o curso teve a duração de três anos, eles lecionam ainda mais três anos ao término do curso antes de, por exemplo, se afastarem para aposentadoria. Outras considerações faremos a seguir, com base em um estudo feito na

Universidade do Estado da Bahia no ano de 2007, com a primeira turma da licenciatura de história dessa modalidade.

e) Na UNEB

Na Universidade do Estado da Bahia (UNEB) o *Programa Especial de Formação de Professores* (PROESP) em História foi criado pela resolução nº 0243/2003 e foram ofertadas cinquenta vagas, estando sua carga-horária distribuída em 2.895 (duas mil, oitocentas e noventa e cinco horas) e 128 (cento e vinte e oito) créditos. Essa Resolução foi assinada *ad referedum* do Conselho Pleno da Universidade e baseada nas Resoluções do Conselho Nacional de Educação nº 01 e 02 de 2002 e no Parecer do mesmo Conselho de nº 009 de 2001.

Os alunos-professores que compuseram a primeira turma, concluída em 2007 eram dos municípios de Santo Antônio de Jesus, Nazaré, Amargosa, Mutuípe, Conceição do Almeida, Muniz Ferreira, Dom Macedo Costa, Laje, Jaguaripe e Aratuípe. Cidades que integram a região chamada de Recôncavo Baiano, caracterizada por ser uma área rica no período do ciclo produtor da cana-de-açúcar, habitada pelos senhorinhos e senhorinhas. Posteriormente, área produtora de fumo, de criação de gado. Atualmente, área que passa por poucas oportunidades econômicas, cerceada, basicamente, pelo comércio e pela presença de algumas fábricas, plantação de laranja e outros produtos agropecuários.

f) Outros municípios

Outros municípios estavam originalmente no projeto: Jiquiriçá, Cruz das Almas, Castro Alves, São Felipe, Sapeaçu, Brejões, Milagres, Salinas das Margaridas. Entretanto, a turma ficou completa com alunos dos municípios já descritos anteriormente e não foi aberta outra turma que pudesse contemplar os professores desses outros municípios.

Nessa primeira turma, foram aplicados 48 (quarenta e oito) questionários sendo 28 (vinte e oito) respondidos e devolvidos. Após essa pesquisa, o que pudemos observar foi que, nas escolas baianas, os professores da rede estadual que, porventura, não tenham as licenciaturas específicas, lecionam várias disciplinas.

Dos entrevistados, 42,85% lecionavam matemática como forma de complementar a carga-horária de 40 horas semanais, 35,71% ciências, 14,28% português, além de outras disciplinas tais como sociologia, educação física, educação artística, filosofia, religião, redação, jornalismo, ação comunitária, inglês, química, geografia, gestão, informática, PEI (Programa de Enriquecimento Instrumental), saúde, psicologia, biologia terem igualmente sido citadas.

Esses são alguns exemplos de como os professores baianos estavam atuando nas salas de aula da rede pública de ensino. Mesmo com o curso concluído continuaram a lecionar várias disciplinas, no modelo de professor multidisciplinar ainda seguido nas séries iniciais do ensino fundamental.

Outro ponto a considerar foi que muitos dos professores-alunos nunca haviam ensinado história antes da entrada no curso de formação nesta área, apesar de o documento intitulado *Kit do Professor/aluno* do curso especial de formação em história falar na existência da experiência prática por parte desses docentes. As falas comprovaram isso. Ao responderem à questão sobre como se tornaram professores de história, eis algumas respostas:

> Por não ter opção de carga horária (Prof. A).
> ... a maioria das vezes é por necessidade da escola em suprir a carga horária" (Prof. B).
> Depois do vestibular, até antes, eu era professor de matemática (Prof. C).
> Apesar de gostar da disciplina, passei a lecionar História por causa do curso e do trabalho (Prof. D).
> Por motivo do curso de história que estou fazendo (Prof. E).

Ao fim do curso, todos estavam com no mínimo de duas horas semanais de sala de aula, lecionando história. Entenda-se que alguns continuaram assim, com somente essas duas horas. Assim, 82,14% desses professores continuaram ao fim da sua licenciatura atuando nas séries do segundo segmento do ensino fundamental e 14,28% no ensino médio.

g) Uma prática equivocada

Ainda assim, entende-se erroneamente prática como sendo formação em serviço na área dos respectivos cursos. Dessa forma, as horas trabalhadas em sala de aula podiam ser contabilizadas nesses cursos especiais, o que significava que o professor-aluno era observado em sua própria sala de aula. Ora,

> ... assim como não basta o domínio de conteúdos específicos ou pedagógicos para alguém se tornar um bom professor, também não é suficiente estar em contato apenas com a prática para se garantir uma formação docente de qualidade (PEREIRA, 1999, p. 112).

Assim, sobre essa questão, esses cursos enfatizavam no perfil profissiográfico desses docentes a formação do historiador, concebendo que a prática na docência ele já possui.

> Espera-se que, ao final do curso, o graduado esteja capacitado ao exercício do trabalho de Historiador, em todas as suas dimensões, o que supõe pleno domínio da natureza do conhecimento histórico e das práticas essenciais de sua produção e difusão, em condições de dominar as seguintes habilidade e competências.
>
> - entender as diferentes concepções metodológicas que referenciam a construção de categorias para a investigação e a análise das relações sócio-históricas;

- problematizar, nas múltiplas dimensões das experiências dos sujeitos históricos, a constituição de diferentes relações de tempo e espaço;

- conhecer as interpretações propostas pelas principais escolas historiográficas, de maneira quedistinga diferentes narrativas, metodologias e teorias;

- transitar pelas fronteiras entre a História e outras áreas do conhecimento, sendo capaz de demarcar seus campos específicos e, sobretudo, de qualificar o que é próprio do conhecimento histórico;

- desenvolver a pesquisa, a produção do conhecimento e sua difusão, não só no âmbito acadêmico, mas também em instituições de ensino, em órgãos de preservação de documentos e no desenvolvimento de políticas e projetos de gestão do patrimônio cultural (UNEB, s.d).

h) O que nos diz os professores-alunos

Em visita aos locais de ensino e atuação dos alunos-professores, pudemos perceber que a grande maioria trabalhava em estruturas físicas precárias, com lousas quebradas, luzes queimadas, com falta de material tal como papel, transparências, TV, DVD, entre outros. Esses equipamentos, quando estavam disponíveis, não funcionavam ou eram em número suficiente para atender a todos, quando não estavam "guardados" para evitar roubos. Contudo, os números quantitativos foram alardeados.

Os professores baianos estavam e estão sendo qualificados. Mas como? Com que qualidade? Solicitamos no questionário que os professores comentassem em que medida o curso que ele fez contribuiu para a melhoria, ou não, da sua atuação enquanto professor. Duas falas refletem as nossas preocupações:

> O curso tem me feito repensar a minha prática (...)
> Só que ainda não pude mudar minha prática (Prof. F).
> Devido à nossa jornada de trabalho na sala de aula, a contribuição foi muito pouca (Prof. I).

A fala desse último professor reflete a política que o governo do Estado seguiu e continua seguindo quando o professor está discente de um desses cursos. Esses não são dispensados de nenhuma carga-horária de sala de aula, conforme já dito anteriormente. Assim, continuavam na escola por 20 ou 40 horas e paralelamente realizavam seus cursos de qualificação.

Afirmar, portanto, que ao fim do curso "o profissional estará em condições de suprir demandas sociais relativas ao seu campo de conhecimento", incluindo "magistério em todos os graus, preservação do patrimônio, assessorias a entidades públicas e privadas nos setores culturais, artísticos, turísticos, entre outros, bem como pesquisador histórico" (UNEB, s.d.) pareceu-nos algo precoce.

Esses cursos, contudo, não se extinguiram com a conclusão dessas primeiras turmas. Desde 2008, no governo de Jacques Wagner (PT)[2], encontra-se em andamento, segundo a Secretaria da Educação/SEC, por meio do Instituto Anísio Teixeira/IAT

> ... o Novo Programa de Formação Inicial de Professores da Bahia visando atender mais de 30 mil professores da rede pública estadual e municipal que não possuem graduação em licenciatura ou que atuem em área distinta de sua formação inicial. O Novo Programa de Formação de Professores visa oferecer, até

---
[2] *"A ação política de Governo do Estado, ao estabelecer uma articulação inovadora entre Estado e Municípios, demonstra sua preocupação em garantir a qualidade de ensino na Bahia, delineando uma nova perspectiva de formação para os professores da rede pública. Público – alvo: Professores do quadro da rede pública, em efetiva regência de classe, que possuem formação em nível médio (com ou sem adicionais), licenciatura curta, ou que atuem em área distinta da sua formação em nível superior" (www.sec.gov.ba)*.

o ano de 2011, cursos de licenciatura em diversas áreas do conhecimento, nas modalidades de ensino presencial (regular e modular) e a distância, em parceria com as universidades públicas baianas (UNEB, UEFS, UESB, UESC, UFBA, UFRB, UNIVASF), o Consórcio Universidade Aberta do Brasil – UAB e o CEFET – BA. Esse programa é uma das ações do Plano Estadual de Formação dos Profissionais de Educação, um compromisso firmado pelo Governo do Estado da Bahia para garantir a qualidade da educação. Amplamente discutido pelos dirigentes da SEC, IAT e das Diretorias Regionais de Educação (DIREC)

Concluindo...

Se esse programa realmente é NOVO veremos em uma próxima etapa da pesquisa quando então acompanharemos e entrevistaremos os professores que compuseram a partir de 2008 as turmas dos cursos de licenciatura em história do *Programa Especial de Formação de Professores*.

Bibliografia

AVEIRO, J. F. H. *A reforma educacional no Brasil (1988-2001): processos legislativos, projetos em conflito e sujeitos históricos*. 2002. Tese (Doutorado em Educação) – FE, UNICAMP, Campinas.

BAHIA. UNEB. *Kit do Professor/aluno do curso especial de formação em história.* Salvador: UNEB, s.d.

BORGES, C. Saberes docentes: diferentes tipologias e classificações de um campo de pesquisa. *Educação & Sociedade*, 2001, vol. 22, no.74, p.59-76.

BUENO, B. O. et al. *Histórias de vida e autobiografias na formação de professores e profissão docente* (Brasil, 1985-2003). Educação & Pesquisa, Ago. 2006, vol. 32, n. 2, p. 385-410.

DIAS, R. E. & LOPES, A. C. *Competências na formação de professores no Brasil: o que (não) há de novo.* Educação & Sociedade, Dez. 2003, vol. 24, n. 85, p. 1155-1177.

FREIRE, P. *Pedagogia da autonomia: saberes necessários à prática educativa.* 30. ed. São Paulo: Paz e Terra, 1996.

FRIGOTTO, G. *Educação e a crise do capitalismo real.* 3. ed. São Paulo: Cortez, 1999.

GENTILI, P. & SILVA, T. T. da (Orgs.).*Neoliberalismo, qualidade total e educação: visões críticas.* Petrópolis: Vozes, 1998.

KUENZER, A. Z. *As políticas de formação: a constituição da identidade do professor sobrante.* Educação & Sociedade, Dez. 1999, vol. 20, n. 68, p.163-183.

LÜDKE, M. & MOREIRA, A. F. B. & CUNHA, M. I. da. *Repercussões de tendências internacionais sobre a formação de nossos professores.* Educação & Sociedade,Dez. 1999, vol. 20, n. 68, p.278-298.

MAUÉS, O. C. *Reformas internacionais da educação e formação de professores.* Cadernos de Pesquisa, Mar. 2003, n. 118, p.89-118.

MELLO, G. N. de. *Formação inicial de professores para a educação básica: uma (re)visão radical.* São Paulo em Perspectiva, Mar. 2000, v.14, n.1, p. 98-110.

MONTEIRO, A. M. F. da C. *Professores: entre saberes e práticas*. Educação & Sociedade, 2001, vol. 22, n. 74, p.121-142.

PEREIRA, J. E. D. *As licenciaturas e as novas políticas educacionais para a formação docente*. Educação & Sociedade, Dez. 1999, vol. 20, n. 68, p.109-125.

SAVIANI, D. *A nova Lei da Educação (LDB): trajetória, limites e perspectivas*. Campinas: Autores Associados, 2000.

Posfácio

Wilson Correia[1]

> A gente vive repetido, o repetido, e, escorregável, num mim minuto, já está empurrado noutro galho. Acertasse eu com o que depois sabendo fiquei, para de lá de tantos assombros... Um está sempre no escuro, só no último derradeiro é que clareiam a sala. Digo: o real não está na saída nem na chegada: ele se dispõe para a gente é no meio da travessia (João Guimarães Rosa, *Grande sertão: veredas*).

O Centro de Formação de Professores (CFP) da Universidade Federal do Recôncavo da Bahia (UFRB) busca cumprir sua função social por meio da desejada excelência de seus profissionais e pela via da interiorização e da democratização do acesso *à* e permanência *na* educação universitária. Dedica-se à precípua tarefa de formar professores para o Vale do Jiquiriçá e Recôncavo da Bahia, bem como para todo o Estado da Bahia e do Brasil, desde a cidade baiana de Amargosa.

---

[1] *Licenciado em Filosofia (PUC-Goiás), com Especialização em Psicopedagogia (UFG) e Mestrado (UFU) e Doutorado em Educação (UNICAMP). Líder do GPEFE – Grupo de Pesquisa e Extensão em Filosofia da Educação. Adjunto em Filosofia da Educação no Centro de Formação de Professores da Universidade Federal do Recôncavo da Bahia. É autor dos livros Saber ensinar São Paulo: EPU, 2006, TCC não é um bicho-de-sete-cabeças (2009) e Aprender não é um bicho-de-sete-cabeças (2010), ambos pela Editora Ciência Moderna, do Rio de Janeiro, entre outros. E-mail: wilfc2002@yahoo.com.br.*

O esforço dos professores-autores deste livro é uma amostra de como nosso trabalho está sendo levado à frente nas esferas da pesquisa filosófica e científica e do árduo trabalho de ensino. As ações de extensão desenvolvidas pelo CFP também não deixam nada a desejar. Formamos uma comunidade acadêmica que, cuidando de formar formadores, busca fazer a ponte entre universidade e sociedade da melhor maneira que nos é possível.

Os profissionais que atuam no CFP compõem uma diversidade ricamente qualificada seja pela história de vida de seus membros seja pelo percurso formativo de graduação, especialização, mestrado e doutorado que fizeram, ou estão fazendo para, hoje, desempenharem, competentemente, seu quefazer pedagógico. Mediante um trabalho qualificado, os profissionais do CFP contribuem para que a inserção social do Centro e sua vocação institucional sejam realizadas mediante articulação e referenciação social, visando a beneficiar seus estudantes e a comunidade na qual está inserido para marcar presença no cenário local, regional, nacional e internacional.

Este livro é uma ação executada com esse intento. Ele se propôs pensar sobre a formação de professores, sem se apegar a modismos fáceis e não apresentando receitas prontas para o professor e a professora levá-las ao forno pedagógico da vida escolar para, de lá, saírem com o pão didático fresquinho e pronto a ser servido nas salas de aula e nos espaços da sociedade onde a atuação docente tem sido sempre requerida. Antes, ansiou por problematizar nossa prática e convidar professores e professoras a fazermos nós mesmos nossos caminhos de formação inicial e contínua, rumo àquele alimento que nos dá sustança para a liberdade e a justiça em nossa lida diária na escola e fora dela.

Esperamos que as contribuições aqui apresentadas possam motivar a tomada de outras iniciativas visando a enfocar a formação de professores Brasil afora, o qual já assistiu, e ainda assiste, a práticas de formação docente lastreadas no tradicionalismo e no tecnicismo pedagógicos, e que ainda convive com tendências de formação de professores fundadas nas tendências do comportamentalismo adestrador e do cognitivismo intimista, entre outras de assemelhada matiz.

De um modo ou de outro, alusões a essas tendências foram feitas pelos autores deste livro ao longo de seus robustos e oportunos trabalhos. Porém, não ficamos parados na estação da crítica fácil. A problematização das práticas de formação docente foi tentada pela via da valoração crítica, sim, mas, também, da proposição de atitudes visando a que encontremos novos percursos formativos para nossos atuais e futuros professores, baseados em outras raízes teóricas, metodológicas e políticas.

Ao fim e ao cabo de nossos trabalhos, agora o pôr a mão na massa cabe a todos que fazemos e sofremos a educação formal brasileira, em todos os seus níveis. E que essa tarefa possa receber mais e mais contribuições, pois, afinal, pensar a teoria, a metodologia e a prática docente é uma prática bastante cara a nós, professores, dedicados que somos à formação do ser humano para formar outros seres humanos, tarefa inarredável da qual depende nosso projeto de nação para o Brasil.

Que tenha valido a pena para você, leitor e leitora, ter feito a travessia da leitura desse livro ao nosso lado. E que as travessias da docência e da vida sejam para você aquelas que podem ser qualificadas pela qualidade do sentido e significado humano e profissional exigidos por nossa ocupação.

Educação Multicultural - Teoria e Prática para Professores e Gestores em Educação

Autores: Ana Canen / Angela Rocha dos Santos

208 páginas
1ª edição - 2009
Formato: 14 x 21
ISBN: 978-85-7393-775-6

O presente livro é resultado de reflexões desenvolvidas a partir da realização de um curso de formação continuada de professores e gestores da rede pública do Estado do Rio de Janeiro. Trata-se, pois, de fruto de experiência bem sucedida de ação de extensão universitária na formação de educadores.

Duas perspectivas constituem o fio condutor do trabalho. O primeiro eixo é a perspectiva multicultural em educação. Nessa visão, entendemos os atores educacionais como sujeitos portadores de cultura, circulando em contextos institucionais plurais. O segundo eixo trata de articular reflexões teóricas do campo com questões, atividades, estudos de caso e ações propostas para o "chão da escola", entendendo os atores educacionais como pesquisadores em ação, em contraposição a meros receptores de saberes acabados e hierarquizados.

A originalidade do trabalho dá-se em duas perspectivas. Primeiro, na medida em que temas polêmicos da educação – tais como o papel dos atores escolares, educação inclusiva, avaliação, currículo, tecnologia educacional, relações interpessoais e a construção de projeto político-pedagógico – são abordados em termos de sua articulação com a diversidade cultural de alunos, professores, escolas e contextos institucionais plurais. Segundo, na série de estudos de caso retirados de situações reais, bem como propostas de atividades de diagnóstico e de ação, que podem ser utilizadas em oficinas nas escolas e nos cursos de formação docente.

À venda nas melhores livrarias.

Impressão e acabamento
Gráfica da Editora Ciência Moderna Ltda.
Tel: (21) 2201-6662